Andrea Wegener
Entkommen aus dem Netz des Jägers

ANDREA WEGENER

MIT FOTOS VON CLAUDIA DEWALD

ENTKOMMEN AUS DEM NETZ DES JÄGERS

BEGEGNUNGEN MIT VERFOLGTEN CHRISTEN IM IRAK

francke

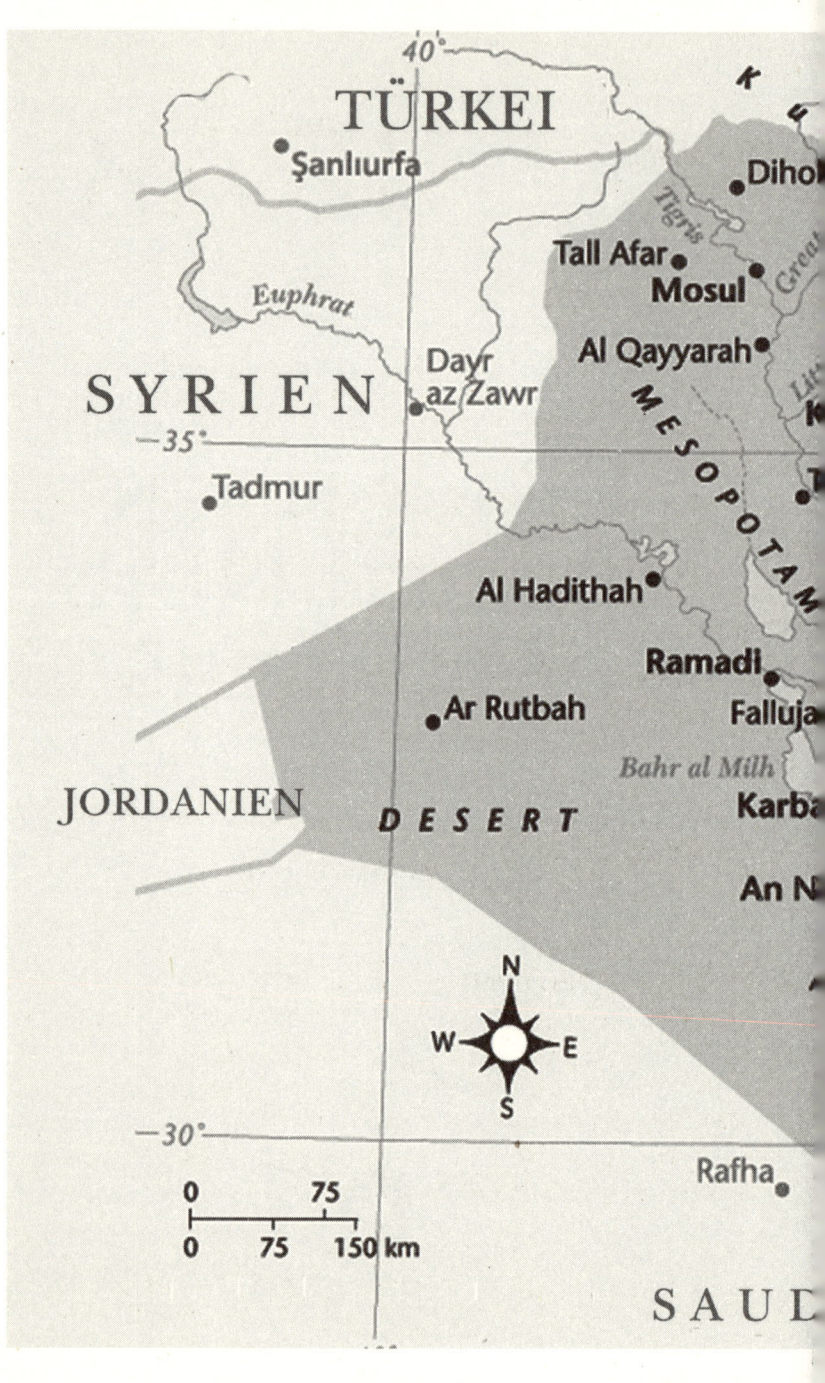

IRAK

45°
Haji Ibrahim
3600 m
Sulaymaniyah
Diyala
IRAN
Khanaqin
Baqubah
Baghdad
Simareh
BABYLON
Tigris
Al Hillah
Al Kut
Ad Diwaniyah
Al Amarah
Ahvaz
Nasiriyah
Euphrates
Shatt al Arab
Basra
Abadan
Umm Qasr
30°
KUWAIT
PERSISCHER
GOLF
Kuwait
Bandar-e
Bushehr
ARABIEN

Über die Autorin:

Andrea Wegener, aufgewachsen im Westerwald, studierte in Leipzig Germanistik, Amerikanistik und Geschichte, anschließend führte ein Auslandsjahr sie in die USA und nach Kenia. Seit 2007 arbeitet sie bei Campus für Christus. Neben ihrer Aufgabe als Leiterin der Öffentlichkeitsarbeit ist sie gerne bei Auslandseinsätzen dabei; ihr erstes Buch über ihre Erfahrungen in Haiti erschien 2014 im Verlag der Francke-Buchhandlung.

Bibliografische Information Der Deutschen Bibliothek
Die Deutsche Bibliothek verzeichnet diese Publikation in der
Deutschen Nationalbibliografie; detaillierte bibliografische
Daten sind im Internet über http://dnb.ddb.de abrufbar.

ISBN 978-3-86827-563-6
Alle Rechte vorbehalten
© 2016 by Verlag der Francke-Buchhandlung GmbH
35037 Marburg an der Lahn
Bilder von Claudia Dewald
Umschlagbilder: Claudia Dewald
Umschlaggestaltung: Verlag der Francke-Buchhandlung GmbH /
Christian Heinritz
Satz: Verlag der Francke-Buchhandlung GmbH
Printed in Czech Republic

www.francke-buch.de

INHALT

Wenn der Herr nicht für uns gewesen wäre,
als die Völker sich gegen uns erhoben,
dann hätten sie uns lebendig verschlungen,
so groß war ihr Hass auf uns.
Wasser hätte uns überflutet,
ein reißender Strom hätte uns fortgespült.
Die tobenden Fluten hätten uns überwältigt.
Gelobt sei der Herr, der nicht zuließ,
dass sie uns mit ihren Zähnen zerrissen!
Wir sind entkommen
wie ein Vogel aus dem Netz des Jägers.
Das Netz ist zerrissen und wir sind frei!
Unsere Hilfe kommt vom Herrn,
der Himmel und Erde gemacht hat.

Psalm 124 (Neues Leben)

ZUM HINTERGRUND DER
IRAK-KRISE

Emanuel Youkhana ist Archimandrit der Assyrischen Kirche des Ostens und Leiter des irakischen Hilfwerks CAPNI. Zurzeit ist er in Deutschland einer der gefragtesten Experten, wenn es um die Lage der Christen und anderer verfolgter Minderheiten im Irak geht. Es ist mir eine besondere Ehre, dass er sich bereiterklärt hat, uns einen Einblick in die Situation der Christen in seiner Heimat zu geben. Eigentlich wollte er ein Vorwort für dieses Buch schreiben, doch dann hatte ich stattdessen die Gelegenheit, ein ausführliches Interview mit ihm zu führen. Es nimmt uns unmittelbar mit hinein in die aktuellen Geschehnisse und deren Hintergründe.

Vater Emanuel, Sie haben das Hilfswerk CAPNI bereits in den Neunzigern gegründet, also waren Christen offensichtlich auch damals schon in Not. Was war damals die Situation? Was war ähnlich, was anders als heute?

Das ist schon 25 Jahre her, aber ich kann mich noch daran erinnern, als wäre es gestern gewesen. 1991, nach der Invasion Kuwaits und dem ersten Golfkrieg, gab es im Nordirak eine Massenflucht, die man in der Tat mit der von 2014 vergleichen kann. Christen, Jesiden, Muslime – sie alle hatten Angst vor Saddam Hussein und seinen chemischen Waffen. Je weiter seine Truppen ins Kurdengebiet vorrückten, desto weiter flüchteten Menschen in den Norden, in Richtung der türkischen und syrischen Grenze. Die Not war überwältigend. Allein 150 christliche Dörfer hatte Saddam Hussein zerstören lassen. Dohuk war damals auch schon ein humanitärer Albtraum! Als die UN den Nordirak zur Flugverbotszone erklärte und die Kurdenregion sicher wurde, kehrten die Leute in ihre Dörfer dort zurück. Die Rückkehrer wollten ihre Dörfer nun wieder aufbauen, aber ein doppeltes Embargo machte ihnen das unmöglich: ein internationales Embargo gegen den Irak und ein Embargo von Saddam Hussein gegen die Kurdengebiete. Damals haben wir CAPNI gegründet, um die Bedürfnisse der Notleidenden hier und die Hilfsbereitschaft der Menschen aus dem Ausland, vor allem der Christen und Kirchen in Europa, zusammenzubringen. Es war für die Leute im Irak auch das erste Mal, dass sie so viel Hilfe und Anteilnahme von außen erlebten. Viele Menschen wollten helfen und das Medieninteresse war entsprechend groß: Journalisten wollten wissen, wie es in diesem großen Gefängnis mit Namen Irak zuging. Es gab viel zwischen den Gemeinden und Hilfswerken zu koordinieren und als Sprecher meiner Kirche bin ich als Verbindungsmann in meine jetzige Rolle hineingewachsen. Ich lebte in dieser Zeit schon in Deutschland und konnte so die Verbindung halten. Wir haben damals einzelne Familien im Nordirak unterstützen können, sodass junge Leute aus Christenfamilien einen Universitätsabschluss machen konnten, und nach und nach wurden Schulen, Kirchen, Häuser, Abwasserkanäle wieder aufgebaut.

Die Vertreibung von Christen und anderen Minderheiten scheint in der Region schon Tradition zu haben ...

Ja. Die Situation Anfang der Neunziger war insofern besonders, als die Christen zum ersten Mal in der Geschichte des Nahen Ostens später in die Dörfer zurückkehrten, aus denen man sie vertrieben hatte! Aber die erste Vertreibung war es keinesfalls: Vor genau 100 Jahren waren wir assyrischen Christen, wie auch die Armenier und die Syrisch-Orthodoxen, im Zug des Seyfo, des Völkermords durch die Osmanen, umgebracht und aus Anatolien vertrieben worden. Von den Menschen, die damals ihre Heimat verlassen mussten, ist niemand zurückgekehrt. Ganze Dörfer sind in dieser Zeit leer zurückgelassen und nicht wieder von Christen besiedelt worden.

Als der Irak als moderner Staat 1932 von Großbritannien unabhängig und Mitglied des Völkerbundes wurde, ging das Morden weiter: Schon ein Jahr später gab es den ersten Genozid. Im August 1933 wurden in der Nähe von Dohuk mehr als 5000 assyrische Christen umgebracht, unschuldige Menschen, Frauen und Kinder. Der junge, gerade erst geborene Staat schmückte sich gleich mit einem Massaker. Die Soldaten der irakischen Armee, Sunniten, die dafür verantwortlich waren, wurden in Bagdad als Helden gefeiert und bekamen Medaillen. Drei Jahre später verübte der Leiter dieser Armee den ersten Militärputsch des Nahen Ostens. Er diente damit vielen anderen zum Vorbild, sodass viele Länder in unserer Region nun von Militärdiktaturen beherrscht werden. Die Christen waren die Opfer gewesen und die Täter wurden zu den Herrschern. Das prägt unseren Staat und die Region bis heute!

Die Überlebenden dieses Massakers von 1933 landeten übrigens in Syrien. Sie gründeten dort rund 35 Dörfer in der Region Khabur. Genau diese Menschen wurden im Februar 2015 vom IS überfallen und verschleppt; etwa 240 von ihnen werden gefangen gehalten und vor Kurzem hat man drei von ihnen hingerichtet, um Lösegeld zu erpressen. Diese Christen sind seit Generationen bedroht: Ihre Großväter haben den Völkermord der Osmanen 1915 überlebt, ihre Väter die Massaker des neugegründeten irakischen Staates 1933 und nun versuchen sie den IS zu überleben.

Worin liegen die Ursachen für die Gewalt, die wir jetzt sehen? Man hört in Deutschland immer wieder, dass der Sturz Saddams den Terror ausgelöst hat ...

Die Antwort ist natürlich viel komplexer! Irak ist ein gesegnetes biblisches Land, wir haben ein großes menschliches und wirtschaftliches Potenzial und wir hofften tatsächlich auf eine helle Zukunft, nachdem Saddams totalitäres Regime beendet war. Wir dachten, dass es uns nach seinem Sturz besser gehen würde. Aber die Grundgegebenheiten im Irak waren in vieler Hinsicht verworren – auf der Ebene der Regierung und Verwaltung, aber auch auf kultureller und religiöser Ebene; wir haben nicht erreichen können, was wir eigentlich verdient hätten. Zum Teil geht nun eine Saat auf, die unter Saddam Hussein gesät wurde. Aber die Schwierigkeiten liegen viel tiefer. Vereinfacht gesagt, gab es schon bei der Staatsgründung tiefe Risse zwischen verschiedenen Bevölkerungsgruppen, die nie überbrückt wurden.

Seit 1932 haben wir zwar den irakischen Staat gebaut, aber nicht die irakische Nation. Mit „wir" meine ich die Leute, die regieren und die das Bildungs- und Erziehungswesen prägen. Eigentlich wäre es Aufgabe eines Staates, seine Bürger zu schützen, Recht und Gleichbehandlung sicherzustellen. Aber im Irak ist der Islam von der Verfassung her die vorherrschende Religion, sodass alle anderen automatisch und mit der vollen Wucht der Verfassung benachteiligt werden. Im Moment gibt es zum Beispiel ein neues Gesetz, dass alle minderjährigen Kinder automatisch und sogar ohne ihr Wissen zu Muslimen erklärt werden, wenn eines der Elternteile zum Islam konvertiert. Diese jungen Leute entdecken dann plötzlich, wenn sie 18 oder 19 sind und einen Pass beantragen, dass sie Muslime sind. Und sie können das nicht in ihren Dokumenten zurück ändern. Christen und andere Minderheiten haben Einspruch gegen dieses Gesetz erhoben und wir hoffen, dass es noch geändert wird. Aber es ist ein kleines Beispiel dafür, wie der Islam und die Scharia den Irak bestimmen.

Der Irak ist eigentlich ein sehr vielfältiges Gebiet, und das kann man schon an den Religionen sehen: Es gibt auf dem heutigen Staatsgebiet allein vier Religionen, die schon lange vor dem Islam da waren: Juden, Mandäer, die sich auf Johannes den Täufer berufen, Jesiden und Christen. Und auch ethnisch-kulturell gibt es eine große Vielfalt. Die Araber, die heute die Mehrzahl der Bürger stellen, sind erst ganz zuletzt durch die islamischen Eroberungszüge dazugekommen; schon vor 6000 Jahren lebten hier Assyrer, dann auch Chaldäer, Kurden, Perser, Turkmenen und Armenier ... Man sollte davon ausgehen, dass aus einer solchen Mischung eine sehr schöne Kultur entsteht, aber das Problem ist, dass diese Mischung im öffentlichen Bewusstsein gar nicht wahrgenommen wird. Im irakischen Lehrplan wird, um nur ein Beispiel zu nennen, über diese vier vorislamischen

Religionen nichts gelehrt. Nicht nur gibt es über sie kein eigenes Kapitel im Geschichtsbuch – nein: sie kommen überhaupt nicht vor; nicht mit einem einzigen Satz wird erwähnt, dass es sie überhaupt gibt! Man kann sich vorstellen, mit welcher Haltung ein Regierungsbeamter oder ein Mitglied des Parlaments, das unter diesem Lehrplan einen Universitätsabschluss gemacht hat, dieses Land leitet: Er weiß ja nichts über seinen nächsten Nachbarn!

Der IS ist ja ein relativ neues Phänomen. Welche Gruppen gibt es sonst noch im Irak und wie stehen sie zueinander?

Es bekämpfen sich viele Gruppen gegenseitig. Die Situation ist im Irak insofern besser als in Syrien, als man bei uns wenigstens weiß, wer wer ist! Der prägendste Konflikt ist der zwischen Sunniten und Schiiten, aber dann gibt es natürlich auch den Konflikt zwischen Muslimen, zu welcher Denomination auch immer sie gehören, und allen anderen. Und dann gibt es noch den ethnischen Konflikt zwischen Kurden und Arabern. Die ganze Situation ist komplex: Man könnte Grenzlinien ziehen zwischen Kurden, sunnitischen und schiitischen Arabern. Und dann hat das Ganze auch noch eine regionale Dimension: Die Schiiten werden vom Iran unterstützt und unterstützen ihrerseits Assad in Syrien, die Sunniten werden aus Saudi Arabien und Katar finanziert und kämpfen gegen alles, was schiitisch ist, und die Kurden werden von den Westmächten unterstützt, und sie sind auch in der Tat eine Insel der Hoffnung in der Region.

Zu Saddams Zeiten liefen alle Fäden beim Diktator zusammen und die Risse zwischen den einzelnen Gruppen waren nicht so deutlich sichtbar. Aber als er nicht mehr war, brach der Staat zusammen und es entstand ein Machtvakuum, das verschiedene Milizen und Banden zu füllen wussten. Es ließ auch die Konflikte zwischen Sunniten und Schiiten voll zum Vorschein kommen. Jahrzehntelang hatten die Sunniten im Irak geherrscht, obwohl sie eine Minderheit waren, und als 2003 Saddam Hussein gestürzt wurde und die Schiiten die Macht übernahmen, rächten sie sich und benachteiligten ihrerseits die Sunniten. Die schlagen nun zurück: Der IS ist ja nur eine Fortführung bisheriger sunnitischer Gruppen, Al-Qaida und so weiter.

Die Christen scheinen friedlich zu sein und zu all der Gewalt wenig beizutragen. Warum werden ausgerechnet sie so gehasst und immer wieder so brutal verfolgt?

Die Bibel ist in diesem Punkt sehr klar: Ihr gehört nicht in diese Welt, wird dort den Nachfolgern Jesu sehr deutlich gesagt, ihr werdet gehasst und verfolgt werden. Für uns ist die aktuelle Situation nicht weiter überraschend. Wir haben hier keine Luxusreligion, sondern 2000 Jahre Verfolgung hinter uns. In meiner Kirche, der Mutterkirche im Irak, gibt es an jedem Wochentag außer Sonntag in der Liturgie des Morgen- und Abendgebets drei Seiten mit Hymnen und Gebeten, die den Märtyrern gewidmet sind, das spiegelt wider, was den Glauben hier jahrhundertelang ausgemacht hat. Es ist also nichts Neues! Europäer sind oft schockiert über die Gewalt, die wir hier erleben, aber für uns ist sie normal. Was die aktuelle Gewalt ungewöhnlich macht, ist die Tatsache, dass die Welt längst zum globalen Dorf geworden ist, in dem wir ganz nahe zusammengerückt sind und alles Mögliche miteinander teilen – nur, leider, nicht dieselben Werte. Ich denke, dass wir auch deswegen verfolgt werden, weil wir nicht zu dieser Kultur des Hasses gehören. Unsere Kultur ist die der Liebe, wir werden aufgefordert, sogar unsere Feinde zu lieben. Wir passen nicht in die Welt, in der wir hier leben.

Sie verbringen im Moment die meiste Zeit im Nordirak, sind aber auch viel in Deutschland unterwegs. Wo, denken Sie, ist unsere Wahrnehmung in Bezug auf die Situation im Irak verzerrt?

Da fallen mir zwei Dinge besonders auf. Die meisten Deutschen wissen nichts über die Vielfalt im Irak. Viele wussten zum Beispiel bis zum Vormarsch des IS nicht, dass im Irak nicht nur Araber leben. Wenn sie nicht einmal von den Christen gehört hatten, wie sollten sie da erst über die Mandäer Bescheid wissen? Und sie wussten nichts über die jahrhundertealte Geschichte und den unglaublichen kulturellen Reichtum der Christen. Erst als der IS das alles zu zerstören begann, wurden sie darauf aufmerksam. Seit 2014 weiß man auch in Europa von den Christen und den Jesiden im Irak, aber dafür haben wir einen hohen Preis bezahlt. Ich hätte mir gewünscht, dass man den Reichtum unserer Religion unter günstigeren Umständen kennengelernt hätte als in dem Moment, als er durch die barbarischen Aktionen des IS zerstört wurde ...

Der andere Punkt ist, dass Europäer über die aktuelle Situation nicht sehr viel wissen. Sie sehen, was die deutschen und westlichen Medien ihnen vorsetzen, und dabei geht es immer um die Gräueltaten und um das Schlimme, das hier passiert. Die ganze helle Seite, all das Gute, das wir im Irak auch sehen, kommt dort nicht vor: Das positive „Multikulti", das es in Kurdistan gibt, zum Beispiel. Oder die erstaunliche Solidarität der einheimischen christlichen Kirchen und die überwältigende Hilfe der Organisationen von außerhalb, die den Verfolgten zur Seite stehen ... Auch das sollte mehr vorkommen! Es tut mir leid, wenn ich in den deutschen Nachrichten immer nur die dunkle Seite sehe: Ein Bombenattentat hier, ein Selbstmordattentat dort – diese Dinge passieren ja wirklich und es muss darüber berichtet werden, aber es passieren eben auch sehr gute Dinge und die kommen in den Nachrichten kaum vor.

Und natürlich ist die Wahrnehmung des Islam in Europa eine andere als im Nahen Osten – oder war es zumindest bis vor Kurzem. Manchmal habe ich den Eindruck, dass Deutschland und Europa, die sehr fortschrittliche Vorstellungen von Menschenrechten haben und sich der eigenen Schuld in der Vergangenheit nur zu sehr bewusst sind, sich auch Muslimen und dem Nahen Osten gegenüber grundsätzlich schuldig fühlen. Zu einem kleinen Teil hat das sicher seine Berechtigung, aber deutsche Kirchen sollten sich neu bewusst machen, dass wir hier seit Jahrhunderten Opfer islamischer Intoleranz sind, und die ist nicht die Schuld des Westens! Bis zu einem gewissen Grad haben die Europäer mit Blick auf die Menschenrechte viel zu lange ein Auge zugedrückt, wo es von islamistischer Seite in Brüssel, London, Berlin oder Köln Bewegungen gab, die Hass geschürt und bestehende Gräben immer weiter vertieft haben. Selbst in christlichen Kirchen gab es eine gewisse Tendenz, den Islam schönerzureden oder mehr als Religion der Toleranz darzustellen, als das Muslime selbst tun würden. Seit den Anschlägen in Paris und dem Bewusstsein darüber, was den Jesiden hier im Irak angetan wurde, scheint sich das etwas zu wandeln.

Die Situation ist komplex, die bestehenden Gräben sind tief, die Gewalt hat eine lange Tradition. Wie kann es da Frieden geben?

Ich sage dazu immer, dass Friede keine Einbahnstraße ist, es gehören zwei Seiten dazu. Im Irak gibt es Gruppen wie die christlichen Kirchen, die Jesiden und auch andere, die sich um Frieden bemühen und immer wieder einen Schritt auf die anderen zu machen. Aber wenn diese anderen nicht auch Schritte zu tun bereit sind, kommt man nicht weit. Die Risse sind immer tiefer und breiter geworden.

Das setzt sich auf internationaler Ebene fort. Wir müssen auch dort gegenseitigen Respekt einfordern; es kann nicht sein, dass europäische Organisationen immer die Einzigen sind, die auf Frieden und Toleranz pochen. Es gibt nur sehr wenige – viel zu wenige! – ähnliche Organisationen und Initiativen auf arabischer bzw. islamischer Seite: gemäßigte Muslime, die aber hier kaum gehört werden und die wir umso mehr unterstützen sollten. Es gibt Stimmen, die den Islam reformieren möchten, und durch das Vorrücken des IS und die vielen schlimmen Dinge, die seit dem letzten Jahr passiert sind, sind diese Stimmen lauter geworden und werden zum Glück mehr gehört. Natürlich dürfen wir nicht alle Muslime in einen Topf werfen! Es gibt nur einen Islam, aber es gibt viele Muslime, und darunter auch sehr gemäßigte.

In einem globalen Dorf können wir uns nicht einfach abschotten und so tun, als gäbe es die islamische Welt nicht. Ich betone immer wieder, dass es zwei verschiedene Herangehensweisen gibt: Hier im Irak müssen wir lernen, UNTER dem Islam zu leben, und in Europa geht es darum, MIT dem Islam zu leben. Das ist ein sehr großer Unterschied!

Eine unserer Ideen ist eine Akademie in Kurdistan. In Deutschland gibt es viele solcher Akademien, bei denen man Konferenzen zu verschiedenen Themen durchführen kann, und wir denken, dass die Zeit für eine solche Akademie auch in unserer Region gekommen ist. Gerade kürzlich war ich in Amman auf einer Tagung, die von der Columbia University in New York veranstaltet wurde, und das Thema war: „Die Rolle religiöser Leiter bei der Vermeidung von Gewalt." Ich war sehr beeindruckt von unserem Gastgeber, einem jordanischen muslimischen Gelehrten, der uns zu einer Diskussion ohne Tabus aufforderte und selbst den Anfang machte: Es ging um die Lehrpläne in Saudi-Arabien, um die Menschenrechte dort und so weiter – Dinge, über die man sonst in diesen Kreisen nicht spricht. In solche Initiativen müssen wir investieren, gerade als Christen.

Langfristig müssen wir die Gewalt bei der Wurzel packen! Das bedeutet Bildung, Bildung, Bildung! Irakische Kinder müssen nach Lehrplänen unterrichtet werden, die der Vielfalt in ihrem Staat gerecht werden und die nicht zum Hass aufrufen! Und es gibt ganz kleine Dinge, die aber viel ausmachen: Wenn ich zum Beispiel mit dem Auto in Dohuk hier in der kurdischen Autonomieregion unterwegs bin, sehe ich in der letzten Zeit gelegentlich Schilder mit einem Kreuz, die auf eine christliche Kirche oder ein christliches Dorf hinweisen. Für Menschen in Europa ist das nichts Besonderes, solche Schilder gibt es dort überall, aber hier ist das eine große Sache! Es bedeutet, dass wir anerkannt werden, dass wir hierher gehören! Jahrhundertelang sind wir, die wir zu diesem Kreuz gehörten, verfolgt und vertrieben worden, und plötzlich gibt es diesen Platz für uns. Das bedeutet uns sehr viel!

Oder, um ein anderes Beispiel zu nennen: Es gibt seit 2000 Jahren bedeutende christliche Denker und Philosophen im Irak, aber nach keinem Einzigen von ihnen ist auch nur eine einzige Schule benannt; die heißen alle nach arabischen, islamischen

Gelehrten und Führern. Wenn es je in Bagdad eine Schule gibt, die nach einem christlichen Denker benannt wird, wird das eine enorme Bedeutung haben und deutlich machen, dass auch wir zum Irak gehören.

Wer wird diesen Wandel herbeiführen?

Das ist eine schwierige Frage! Im Irak wird es sicher nicht die bestehende Regierung sein; der kann man in diesem Punkt nicht vertrauen. In Kurdistan kann man zwar der Regierung vertrauen, aber nicht unbedingt den islamischen religiösen Führern. Letzten Endes wird sich das Gleichgewicht im ganzen Nahen Osten wieder verschieben müssen, und auch die restliche Welt hat daran ja ihren Anteil. Ich finde es traurig und fast schon komisch, dass die Franzosen schon etwas über einen Tag nach den Anschlägen in Paris Bomben auf Rakka in Syrien abwarfen. Sie wussten ganz offensichtlich, wo sie angreifen mussten, aber sie hatten es bis dahin nicht getan. Natürlich ist es schrecklich, dass es all diese Opfer in Europa gab, und ich fühle mit den Familien, aber warum bewirkten erst diese Opfer einen gezielten Angriff auf den IS? 16 Monate lang konnte der IS dort plündern und morden. Ist das Blut der Christen und Jesiden in der Region so viel billiger als das der Franzosen?

Ich hoffe, dass man sich eines Tages weltweit auf ein einheitliches Vorgehen gegenüber dem IS einigen kann und ihn vielleicht nicht einmal militärisch, sondern mit anderen Mitteln bekämpft: Wenn man Druck auf Saudi-Arabien, Katar und auf „Sultan" Erdogan in der Türkei ausübt und die Finanzierung des IS stoppt, wird das auch Auswirkungen haben! Auf politischer Ebene rate ich immer: Unterstützt die Peschmerga bei der Rückeroberung der Gebiete, die im letzten Jahr an den IS gefallen sind. Besteht in eurer Diplomatie darauf, dass die Wurzel des Hasses beseitigt wird. Unterstützt die kurdische Regierung in ihrem – und zwar auf die ganze Region bezogen – sehr einsamen Versuch, der Vielfalt irakischer Kulturen Rechnung zu tragen. Aber das sind natürlich Dinge, auf die wir als Kirche nur sehr begrenzt Einfluss nehmen.

Wie nehmen Sie die Situation der IDPs / Flüchtlinge im Nordirak wahr?
Was brauchen sie am meisten?

Im Moment überwiegt bei mir die Hoffnung gegenüber der Sorge, aber auf den ersten Blick sieht die Situation, das muss man schon sagen, sehr trübe aus. Unser Glaube ist ein Glaube der Hoffnung. Und wenn man aufgrund seines Glaubens auf so barbarische Weise verfolgt wird, hat man gute Gründe, umso fester an diesem Glauben festzuhalten. Die Leute haben kein Problem mit ihrem Glauben, aber sie haben ein Problem mit ihren Lebensumständen! Die Besetzung der christlichen Dörfer liegt nun schon 16 Monate zurück. 16 Monate in einem Rohbau, in einer Gemeinschaftsunterkunft ohne jede Privatsphäre oder in einem verlassenen Dorf hinterlassen natürlich ihre Spuren. Die Menschen sind in ihrem Glauben stärker geworden und ich bin zuversichtlich, dass die Christen aus dieser Krise gestärkt herauskommen werden. Aber werden sie dann noch in der Region sein, wird es hier weiter Christen geben? Ich sehe die Not der Menschen und habe sehr viele Fragen und wenige Antworten, wie es weitergehen kann.

Kurz- und mittelfristig brauchen wir zweierlei: Wir müssen uns weiter der immateriellen Nöte der Menschen hier annehmen. Es geht nicht nur um Essenskörbe und Hygieneartikel, obwohl die natürlich auch wichtig sind, sondern auch um alles, „was die Hoffnung lebendig hält", wie wir es bei CAPNI ausdrücken. Dazu gehört, dass Kindern der Besuch von Schulen ermöglicht wird – gerade haben wir mit Misereor und der Bayerischen Landeskirche ein Programm gestartet, das den Transport von 2500 Kindern und Jugendlichen aus etwas abgelegenen Quartieren zu offiziellen Schulen regelt. Ausbildungsprogramme für Jugendliche sind auch so eine Sache. Das alles hält die Hoffnung aufrecht!

Genauso nötig, und zwar bald, ist die militärische Seite: die Rückeroberung der Städte und Dörfer, aus denen die Christen vertrieben worden sind. Die liegt nicht in unserer Hand, ändert aber viel, weil sie neue Optionen schafft. Im Moment, nach 16 Monaten in Übergangsquartieren, haben die Leute im Prinzip zwei Möglichkeiten: in einem verlassenen Gebäude zu hausen oder ins Ausland zu emigrieren. Wenn die Orte wieder bewohnbar werden, ändern sich die Wahlmöglichkeiten: Dann steht zur Debatte, ob man zurückkehrt in das, was man schon kennt, oder sich auf die lange, unsichere Reise in ein unbekanntes Land macht. Die Wahrscheinlichkeit, dass Christen dann im Irak bleiben, ist natürlich viel größer!

Und es ist gut, wenn wir Christen bleiben! Wir müssen weiter gegen die Dunkelheit kämpfen. Wir müssen unser Licht weiter scheinen lassen – was sonst ist denn unser Auftrag als Christen? Wir sind gesegnet, weil wir von Gott ausersehen und dazu bestimmt sind, seine Zeugen in diesen schwierigen Zeiten zu sein.

Was können wir Menschen, wir Christen in Deutschland für die Christen im Irak tun?

Tut weiter das, was ihr in der Vergangenheit schon getan habt: Viele Kirchen haben zum Gebet aufgerufen und es hat viele Gebetsveranstaltungen und Mahnwachen für uns gegeben. Und das ist das Wichtigste. Als Christen vertrauen wir letzten Endes auf Gott und er lässt sich von unseren Bitten und Gebeten bewegen, uns zu helfen. Deswegen ist es so wichtig, dass ihr weiterbetet. Und natürlich ist es wichtig, den Vertriebenen hier weiter materiell zur Seite zu stehen. Der Winter steht vor der Tür und es sieht so aus, als würden wir auch im nächsten Sommer noch Hilfe brauchen. Bitte unterstützt uns weiter, verstärkt die Hilfe möglichst noch!

Nehmt Flüchtlinge bei euch auf, aber vergesst nicht den Teil der Geschichte, der sonst unerwähnt bleibt: Hier im Irak leben Menschen, die genauso viel Leid erlebt haben wie die Flüchtlinge, die in Europa ankommen – aber die hierbleiben möchten und die hier vor Ort Unterstützung brauchen!

Jedes Licht ist gut und jedes Licht ist schön, aber das wichtigste und schönste Licht ist das Licht, das in der Dunkelheit scheint. Es ist wichtig, dass es weiter solche Initiativen gibt, die auf Kindergesichter ein Lächeln zaubern und die Hoffnung hochhalten, dass es eine Zukunft gibt!

Das würde ich den Menschen in Deutschland mitgeben wollen: Haltet die Kerze am Brennen. Wir sind hilflos, aber nie hoffnungslos. Helft uns, unsere Hoffnung lebendig zu halten.

Vielen Dank für das Gespräch!

25. November 2015

Vater Emanuel Youkhana, 1959 geboren in Dohuk, Schulabschluss in Mossul, Elektroingenieur-Diplom in Bagdad. 1987 in Dohuk zum Priester geweiht, 2009 als Archimandrit der Assyrischen Kirche des Ostens eingesetzt. Stand zunächst der Gemeinde in Dohuk vor, dann der Exilgemeinde in Deutschland, Österreich und im Libanon. 1993 gründete er die Hilfsorganisation CAPNI, zurzeit ist er in erster Linie im humanitären Auftrag zwischen dem Nordirak und Deutschland unterwegs. 2008 wurde ihm der Stephanus-Preis der Internationalen Gesellschaft für Menschenrechte verliehen. Seine Frau und die vier erwachsenen Kinder leben in Deutschland.

CAPNI steht für „Christian Aid Program Nohadra, Iraq" (auch „Christian Aid Program Northern Iraq"). Nohadra ist der christlich-assyrische Name für die Stadt Dohuk im Nordirak, in der CAPNI seinen Sitz hat, ist aber auch ein Wortspiel: „nohadra" bedeutet auch „hungrig". Im Moment sind unter den unterstützten Flüchtlingen etwa 60 % Christen, 5 % Muslime und 35 % Jesiden. CAPNI wird von verschiedenen Kirchen und Organisationen in Deutschland unterstützt, darunter Brot für die Welt, Caritas, Christlicher Hilfsbund Orient, die Diakonie, die Diözese Limburg, die evangelischen Landeskirchen in Bayern und Württemberg, Hoffnungszeichen, das Kindermissionswerk „Die Sternsinger", Kirche in Not, Misereor, Missio und natürlich GAiN.

EIN GRUNDWASSERSPIEGEL VON GEWALT

„Erzählt unsere Geschichten weiter!" – „Vergesst uns nicht!" – „Am meisten macht uns zu schaffen, dass es die Welt nicht interessiert, wie es uns geht!"

Immer wieder haben meine Kollegen und ich bei unserem Einsatz im Nordirak solche Sätze gehört. Wir dachten, dass die Menschen, die in den Wochen und Monaten zuvor dem IS entkommen waren, vor allem unsere materielle Hilfe brauchten. Aber immer deutlicher wurde uns bewusst, dass wir ihnen noch ganz anders dienen konnten. Es war schlimm genug, was diese zutiefst erschöpften Flüchtlinge erlebt hatten, aber die Vorstellung, dass sich überdies niemand für ihr Leid interessierte, machte alles für sie noch unerträglicher. Schon allein die Tatsache, dass Leute aus dem Ausland kamen und sich für sie interessierten, bedeutete diesen Menschen im Niemandsland der Camps und Notunterkünfte im Nordirak, die alles verloren und kaum eine Zukunftsperspektive hatten, sehr viel. Es

FLÜCHTLING: Im Buch ist durchgehend von „Flüchtlingen" die Rede, dabei handelt es sich gerade bei den meisten Christen, denen wir begegnet sind, im engeren Sinn um „IDPs". Eine „Internally Displaced Person" ist sozusagen ein Binnenflüchtling: ein Mensch, der aufgrund eines Krieges oder einer Katastrophe entwurzelt wurde, bei seiner Flucht aber keine Staatsgrenze überquert hat. Im Gegensatz zu „echten" Flüchtlingen sind Status und Rechte von IDPs nicht eindeutig und international verbindlich geregelt.

hat sich ergeben, dass wir mit einigen von ihnen zusammen gewohnt und mit vielen von ihnen geredet haben. Damit ihre Geschichten nicht vergessen werden, ist dieses Buch entstanden[1].

---

1 Wo Geschichten nicht von mir selbst aufgeschrieben wurden, habe ich das vermerkt. Ohne die Beiträge von Johanna Mägila aus Estland, Claudia Dewald und Ellen Sasse aus Deutschland und Rick Plantinga aus Holland würde diesem Buch Entscheidendes fehlen!

„Entkommen aus dem Netz des Jägers" bietet nicht die grausigsten Geschichten, die man in der Region hören kann. Andererseits habe ich schöne, tröstliche Geschichten auch nicht herausgeschnitten, weil sie nicht ins Konzept gepasst hätten. Meine Kollegen und ich haben einfach beliebige Leute – großteils Christen, aber auch einzelne Muslime und Jesiden – nach ihren Erfahrungen befragt und dabei festgestellt, dass sie alle ausnahmslos Schlimmes erlebt hatten. Und das nicht erst, seit der IS in der Region sein Unwesen treibt …

Ich habe beim Einsatz in Entwicklungsländern und Katastrophengebieten viel Leid und Armut gesehen und als Notfallseelsorgerin Menschen in unerträglichen Situationen begleitet. Was mich im Irak am meisten erschüttert hat, war der Grundwasserspiegel von Gewalt, der in unseren Gesprächen mit den Flüchtlingen immer wieder sichtbar wurde: Man musste nie lange graben, um zutiefst traumatische Geschichten zutage zu fördern, die zum Leben dieser Brüder und Schwestern jahre-, oft jahrzehntelang dazugehörten. Dass Familienangehörige gegen Lösegeld entführt oder umgebracht wurden, dass halb erwachsene Kinder einfach verschwanden oder dass Menschen wegen ihres Glaubens um ihr Leben bangen mussten, war nicht die Ausnahme, sondern die Regel. Die Christen im Irak erzählten solche Geschichten eher beiläufig; darauf, dass ihnen Recht geschehen würde, wagten sie schon lange nicht mehr zu hoffen. An wen sollten sie sich denn wenden? Die Vertreibung durch den IS war für viele nur der letzte Tropfen, der das Fass zum Überlaufen brachte. Wirklich sicher waren sie auch vorher nicht gewesen.

Was all diese Geschichten erträglich machte – und hoffentlich auch dieses Buch lesenswert macht! –, ist die Tatsache, dass jede einzelne Vertreibungs- und Fluchtgeschichte gleichzeitig eine Rettungsgeschichte ist. „Wir sehen Gottes Liebe daran, dass er uns bewahrt hat", hat es Kemal, ein junger Theologe, ausgedrückt. Viele Menschen im Irak haben alles verloren, aber dabei Gottes Gegenwart neu, tiefer oder überhaupt zum ersten Mal erfahren. Der christliche Glaube ist zum Glück nicht davon abhängig, dass eine möglichst große Menge von Menschen in wunderschönen Kirchen zu jahrhundertealten Ritualen zusammenkommt. Er entfaltet sich gerade da, wo einzelne Gläubige in Leid und Schrecken zu vertrauen beginnen, dass Gott immer noch über allem steht. Und dass der Christus, nach dem sie benannt sind und um dessentwillen sie verfolgt werden, gerade jetzt an ihrer Seite ist.

Brüder und Schwestern wie Kemal, Vater Emanuel, Tayyip, Djamila und die anderen einheimischen Kollegen, die Gottes Wirken auch im Chaos und im Dunkel sehen, haben mich in meinem eigenen Glauben ermutigt und herausgefordert.

Ihnen ist dieses Buch gewidmet.

KEIN GEWÖHNLICHES LEBEN

Sie sind mit einem Maschinengewehr in den geistlichen Dienst berufen worden.

„Uns ist damals sehr klar gewesen, dass wir nur deswegen überlebt haben, weil Gott mit uns noch etwas vorhatte", sagen Tayyip und Djamila[2] heute. Und wenn man auf ihren jahrzehntelangen, im schwierigsten Sinn abenteuerlichen Dienst zurückschaut, sieht man, dass diese erste traumatische Situation nur der Auftakt war.

Tayyip und Djamila sind die Leiter unserer einheimischen Partnerorganisation und der größte Teil unserer Arbeit im Irak ist mit ihnen und ihrem engagierten Team verbunden. Aus Gesprächen oder Treffen mit ihnen gehe ich manchmal leicht verwirrt heraus: Vielleicht sind ihre Erfahrung, Weisheit, geistliche Sicht und nicht zuletzt ihr verschmitzter Humor zu viel für mein naives europäisches Hirn und Herz; jedenfalls bin ich fast ein bisschen stolz, zur gleichen weltweiten christlichen Bewegung wie sie zu gehören. Für mich sind die beiden Riesen des Glaubens, und ihre Geschichte, nicht nur ihre Berufungsgeschichte, ist eine besondere. Sie könnte locker ein eigenes Buch füllen und es bedeutet mir viel, dass Tayyip und Djamila sich die Zeit nehmen, mir ihre Geschichte zu erzählen.

Sie sind beide in christlich geprägten Familien aufgewachsen, haben beide in London studiert und sind dann miteinander verkuppelt worden. „Freunde haben uns aufeinander aufmerksam gemacht", erzählt Tayyip, als wir zu einem längeren Inter-

---

2 Die Kollegen und ehrenamtlichen Helfer unserer einheimischen Partnerorganisation haben wir mit Decknamen versehen. Sie tun ihren Dienst unter Einsatz ihres Lebens und sollen unerkannt bleiben; deswegen gibt es von ihnen auch keine Fotos in diesem Buch. Unter den „anderen" Menschen, denen wir begegnet sind und deren Geschichten wir aufgeschrieben haben, gab es einige, die nicht genannt werden wollten; anderen war es egal und von wiederum anderen haben wir den Namen nicht mitbekommen. So haben wir auch unter ihnen manche mit Pseudonymen versehen. Die Geschichten habe ich so aufgeschrieben, wie ich sie verstanden habe – wo ich nicht richtig hingehört habe oder im Durcheinander von Arabisch, Englisch und Deutsch einzelne Details verloren gegangen sind, bitte ich um Nachsicht.

view zusammensitzen. „Ich hatte in London einen lebendigeren Glauben erlebt als den eher traditionellen, den ich von meinem Elternhaus her gewohnt war, und das hat mein Leben verändert. Djamila war es ähnlich gegangen. Allerdings war sie erst einige Zeit nach mir dort, als ich schon wieder im Irak lebte. Trotzdem fanden gemeinsame Bekannte, dass wir mit dieser ähnlichen, sehr prägenden Erfahrung doch gut zusammenpassen müssten. Es war gar nicht so einfach, dass wir uns dann überhaupt kennenlernen konnten – in unserer Kultur kann ein Mann ja nicht einfach so eine Frau zum Essen einladen ...“

Schließlich finden die beiden doch zusammen und heiraten. Anfang der Neunzigerjahre leben sie in der Ölstadt Kirkuk; Tayyip arbeitet als leitender Architekt einer großen Ölgesellschaft, Djamila als Lehrerin am hauseigenen Institut der Ölgesellschaft. Sie wohnen auf 5000 Quadratmetern und haben ein gutes Leben.

Am 20. März 1991 dringen Rebellen in die Stadt ein. Das Gelände der Ölgesellschaft, auf dem Tayyip und Djamila auch leben, liegt genau zwischen den Rebellen und einem Stützpunkt der Armee. „Sie haben da aufeinander geschossen“, erinnert sich Tayyip, „und die meisten Kugeln und Bomben sind auf unserem Gelände niedergegangen. Eine hat auch unser Haus getroffen und Djamila verletzt. Wir haben uns in einen Bunker geflüchtet, und als wir zurückkamen, stellten wir fest, dass die Rebellen auf dem Gelände waren und nach einer berüchtigten Person suchten: ,Chemical Ali‘ war General in Saddam Husseins Armee gewesen und hatte chemische Waffen gegen das kurdische Volk eingesetzt; allein in Halabdscha an der Grenze zum Iran waren einige Jahre vorher 5000 Menschen umgekommen. Der wohnte tatsächlich auf unserem Gelände, ein paar Grundstücke von uns entfernt, aber er hatte einen Hubschrauber im Garten stehen und hat sich abgesetzt, als die Rebellen kamen. Die haben alle Männer eingesammelt, von denen sie dachten, dass sie mit Chemical Ali in Verbindung stehen könnten, und haben angefangen, sie der Reihe nach zu erschießen.

Ich war einer von diesen Männern. Aber das Maschinengewehr des Mannes, der auf mich anlegte, war blockiert.“ Tayyip hält die Arme, wie man ein Maschinengewehr halten würde, um es zu erklären: „Ich weiß nicht, ob du dich mit Maschinengewehren auskennst?" – „Nein", sage ich, „wirklich nicht!" Und ich habe auch noch nicht in unmittelbarer Nachbarschaft zu einem Massenmörder gewohnt, denke ich im Stillen. „Na ja, vielleicht hast du mal in einem Film gesehen, wie man die Munition zur Seite auswirft und wieder neu durchlädt", fährt Tayyip fort. „Das hat er gemacht und dann das Gewehr wieder auf mich gerichtet. Aber es war wieder blockiert. Dreimal ist das passiert; dreimal habe ich mir im letzten Moment die Arme vor den Kopf geschlagen und damit gerechnet, dass ich jetzt sterbe. Ich sehe das noch heute vor mir: Er hat sich so angestrengt, den Abzug zu drücken, dass man die Muskeln an seinem Arm hervortreten sehen konnte. Aber es hat nicht funktioniert.

Djamila ist aus unserem Haus gelaufen und hat ihn angeschrien: ‚Was machst du denn da?' Und er hat gesagt: ‚Ihr gehört doch alle zu Chemical Ali. Rückt eure Waffen raus und ergebt euch!' Djamila hat gerufen: ‚Aber wir sind doch Christen! Wir haben keine Waffen!' – ‚Warum habt ihr das denn nicht gleich gesagt?', hat er gefragt. ‚Ihr habt uns ja nicht gefragt, sondern gleich angefangen, die Leute umzubringen!' Der Mann wollte nicht glauben, dass wir Christen sind, und hat behauptet, dass wir lügen, bis Djamila ins Haus gelaufen ist und eine Bibel geholt hat. Da hat er von uns abgelassen. Er hat uns gedrängt, sofort das Gelände zu verlassen, denn sie würden alles zerstören. Das haben sie dann auch gemacht. Unser Haus ist komplett zerbombt worden, unser Auto ... Wir haben das Gelände buchstäblich im Nachtzeug verlassen.

An die zehn Tage danach habe ich keinerlei Erinnerung. Djamila behauptet, dass ich gegessen und geschlafen und kein Wort gesagt habe, aber ich weiß es nicht mehr; ich stand so unter Schock. Nach diesen zehn Tagen hat uns ein Bruder aus Jordanien besucht und eingeladen, eine Weile dort zu bleiben und etwas zu Kräften zu kommen. In dieser Zeit hat der Herr sehr deutlich zu uns gesprochen, dass wir unsere bisherige Arbeit als leitender Architekt und Lehrerin hinter uns lassen und in den geistlichen Dienst einsteigen sollten. Wir haben das beide auch sehr stark gespürt: Gott gibt uns ein neues Leben, eigentlich müssten wir tot sein. Also haben wir beschlossen, dass wir dieses Leben für ihn einsetzen würden. Gerade in dieser Zeit, als wir nachdachten und beteten, sind wir von einer internationalen christlichen Organisation angesprochen worden, ob wir nicht im Irak eine Arbeit beginnen wollten. Wir haben uns ein paar Tage Bedenkzeit erbeten, aber wir haben auch diese Anfrage als eine klare Führung empfunden. Also haben wir zugesagt."

Djamila ist die ganze Zeit, während Tayyip von dieser entscheidenden Nacht erzählt, unruhig auf ihrem Stuhl hin und her gerutscht und wirkt den Tränen nahe. Es nimmt sie auch nach einem Vierteljahrhundert sichtlich mit, über diese Erlebnisse zu reden. Die beiden müssen geahnt haben, dass es nicht nur ein unbequemes, sondern ein außerordentlich gefährliches Leben sein würde, auf das sie sich nun einließen. „Wie seid ihr in dieses neue Leben gestartet?", will ich von ihnen wissen.

„Es ist schon wahr", stimmt Djamila zu, „dass wir ziemlich durcheinander waren nach diesen Ereignissen, aber zum Glück mussten wir ja auch nicht sofort in den Dienst starten. Wir sind für ein Jahr der theologischen und seelsorgerlichen Weiterbildung nach Jos in Nigeria gegangen, und das war ein sehr gutes Jahr für uns. Statt 5000 Quadratmetern hatten wir nur ein kleines Zimmer, aber wir haben so viel gelernt und im Glauben unglaubliche Fortschritte gemacht. Abseits all der Gewalt haben wir auch viel Heilung erlebt und wir sind, so merkwürdig es klingen mag, sehr froh in unseren Dienst gestartet."

„Als wir in den Irak zurückkamen, haben wir ein Team aufgebaut und halboffiziell eine christliche Arbeit gegründet", erzählt Tayyip, wie es weiterging. „Sie fand unter dem Deckmantel eines christlichen Buchladens in Bagdad statt. Der war so weit erlaubt und lief auch zusammen mit einem katholischen und einem orthodoxen Priester, aber daneben liefen jede Menge Glaubensgrundkurse, Seminare und Schulungen, die die Menschen in ihrem Glauben stärken sollten und in dieser Form nicht vorgesehen waren ...

Im Jahr 2000 hat ein Offizier von Saddam Husseins Geheimpolizei herausgefunden, wer wir wirklich waren. Und er hat einen Bericht über uns geschrieben: Da ist diese Gruppe von Christen in Bagdad, die mit einer amerikanischen Organisation verbunden sind und für ihre Arbeit auch Dollar bekommen. Was auch stimmte; wir erhielten tatsächlich Gelder aus Amerika. Uns war klar, dass dieser Bericht mindestens unsere Hinrichtung bedeuten würde. Mindestens! Wir haben uns sofort mit unseren Vorgesetzten in Verbindung gesetzt, die für die ganze Region verantwortlich waren, und gefragt, was wir machen sollen. ‚Sagt die Wahrheit‘, haben die uns geraten, ‚aber macht gleichzeitig klar, dass eure Arbeit nun beendet ist.‘ Wir haben also unser Team sofort aufgelöst und darauf gewartet, dass sie uns abholen und verhören. Wir haben gehofft, dass wir mit dieser Schiene, dass wir unsere Arbeit ja nun aufgelöst hatten, irgendwie durchkommen – aber diese Hoffnung war nur sehr, sehr gering.

In diesem Jahr war wieder irgendein Krieg, welcher war das noch mal, der Golf-Krieg vielleicht? Auf Bagdad regneten Raketen nieder und es ergab sich, dass eine dieser Raketen auf dem Hauptquartier der Geheimpolizei niederging. Das ganze Gebäude ist komplett abgebrannt, von oben bis unten. Und darin lag der Bericht über uns. Diese Akte war also weg und die Regierung hat die Spur zu uns verloren. Wir sind nicht zum Verhör gerufen worden und der ganze Fall war damit abgeschlossen.“

Es soll nicht das letzte Mal sein, dass sie um Haaresbreite dem Tod entkommen. Die beiden setzen ihre Arbeit unbeirrt fort, wenn auch unter anderen Voraussetzungen: „Wir haben unsere Arbeit im Geheimen weitergemacht und ohne Mitarbeiter. Die anderen aus dem Team haben sich sogar ins Ausland absetzen können, aber wir sind in Bagdad geblieben. Ganz geheim haben wir auch den Kontakt zu unserer internationalen Organisation gehalten.

Dann kam der Fall Saddam Husseins. Ich weiß noch, dass wir tief durchgeatmet haben: Jetzt ist er weg, wir sind frei und können in aller Öffentlichkeit ganz von vorne neu anfangen. Also haben wir wieder ein Team gegründet. Wir konnten in der Zeit sehr viel machen: theologische Weiterbildung für Christen anbieten, eine humanitäre Arbeit starten ... Ich erinnere mich, dass ihr von GAiN uns aus Deutschland damals auch schon viele Hilfsgüter geschickt habt." Tayyip schmunzelt: „Und dann entsprachen die Berichte, die ich euch schickte, nicht euren Anforderungen und ich kriegte sie wieder und wieder zurückgeschickt und musste sie anpassen. Eure deutsche Gründlichkeit hat uns wirklich Nerven gekostet! Aber das war gut, denn es hat uns geholfen, diese Sachen wirklich auch professionell zu machen. Auch andere Organisationen schickten Hilfsgüter, Medikamente ... Aber nach drei Jahren war uns klar, dass nicht nur wir Christen frei waren, sondern auch die radikalen Muslime. Die neue Freiheit galt nicht nur den guten Menschen, sondern auch den bösen." Tayyip schüttelt den Kopf bei der Erinnerung. Bis ich letztes Jahr zum ersten Mal in den Irak gekommen war, hatte ich mir kaum ausgemalt, wie dramatisch sich der Fall Saddam Husseins gerade für die Christen ausgewirkt hatte. Aber die Meinung ist bei aller USA-Freundlichkeit hier einhellig: dass der Diktator gestürzt wurde und danach das ganze Land im Chaos versank, hat das Leben der Christen nur noch unsicherer gemacht. Oder, um es im gebrochenen Englisch eines anderen Mitarbeiters auszudrücken: „Bis 2003 – ein Saddam Hussein. Nach 2003 – viele Millionen Saddam Husseins ..."

GAiN: Global Aid Network e.V. ist eine internationale Hilfsorganisation mit Sitz in Gießen. Sie ist aus der Campus für Christus-Arbeit „Aktion Hungerwinter" heraus entstanden, mit der seit 1990 humanitäre Hilfe in Osteuropa, inzwischen längst in über 40 Ländern weltweit geleistet wird.

Tayyip und Djamila haben es ähnlich empfunden: „Es war eine sehr fruchtbare Zeit für uns und unsere Arbeit ist sehr gewachsen, aber wegen dieser Arbeit sind wir auch zur Zielscheibe geworden. Die al-Mahdi-Armee hat dann einen unserer Mitarbeiter entführt. Das ist die Armee von Muktada al-Sadr, eine schiitische Miliz. Sie haben dem Kollegen gesagt: ‚Du interessierst uns überhaupt nicht, wir wollen nur deinen Chef. Wenn du uns sagst, wo wir ihn finden, lassen wir dich gehen.' Sie haben ihn also verhört und gefoltert und dann haben sie ihn in den Kofferraum seines eigenen Autos gepackt und sind mit ihm losgefahren. Sie haben die Straßen und Viertel Bagdads abgefahren und immer wieder nach hinten gerufen, er solle sie zu mir führen. Er hatte irgendeinen Mechanismus im Kofferraum, mit dem er ihn auch von innen öffnen konnte, und er hat später erzählt, dass er durch ein Loch nach draußen geschaut und auf eine Gelegenheit gewartet hat, aus dem Auto zu springen. Irgendwann ist das Auto etwas langsamer gewesen und er ist nach draußen gesprungen und losgelaufen. Sie sind auch ausgestiegen und haben auf ihn geschossen. Vier Kugeln haben ihn ins Bein getroffen. Zum Glück waren es nur Fleischwunden, die Knochen oder Nerven haben sie nicht erwischt. Er ist buchstäblich über Zäune gesprungen und hat sich durch Hinterhöfe zu uns durchgeschlagen. Er ist blutüberströmt bei unserem Haus angekommen und hat gerufen: ‚Tayyip, ihr müsst sofort aus Bagdad weg, die sind hinter euch her!' Wir konnten ihn später nach Jordanien schaffen, wo er medizinisch behandelt werden konnte. Er lebt inzwischen als Flüchtling in den USA. Und uns war klar, dass er recht hatte: Irgendwann würden sie uns finden, die al-Mahdi-Armee saß in Bagdad eindeutig am längeren Hebel. Die sitzt da übrigens immer noch ..."

Das war am 6. November 2006. Tayyip und Djamila wissen, wie es sich anfühlt, Flüchtlinge zu sein. Mit ihrer Geschichte und ihren Verbindungen ins Ausland wäre es ihnen ein Leichtes gewesen, in die USA oder nach Europa auszuwandern. Aber sie bleiben in der Nähe: „Wir sind in die kurdische Autonomieregion gekommen und haben dort neu angefangen. Eine einfache Entscheidung war das nicht, zumal das ja alles sehr schnell gehen musste. Djamila arbeitete gerade auch an einem Master in therapeutischer Seelsorge, und sie hätte lieber

KURDISCHE AUTONOMIEREGION / „KURDISTAN": im Norden des Iraks, hat eine eigene Regierung und Verwaltung. Die (relative!) Sicherheit und Stabilität der Region und die Toleranz unterschiedlicher Religionen machen sie zum naheliegenden Ziel für Flüchtlinge aus Syrien und dem irakischen Kernland. Zurzeit (Stand Oktober 2015) leben neben den 6 Millionen ursprünglichen Einwohnern geschätzt 2 Millionen Flüchtlinge in Kurdistan, Tendenz steigend.

den Irak ganz verlassen, als von Bagdad nach Erbil zu ziehen. Sie tut sich bis heute mit Kurdisch schwer, es ist ja eine ganz andere Sprache. Aber ganz allmählich haben wir hier einen neuen Dienst angefangen. Gott hat es geschenkt, dass wir ein neues Team gründen konnten. Wir haben Gesprächskreise und theologische Weiterbildung angeboten und waren die erste offiziell registrierte christliche Organisation hier. Man kommt auch ohne diese Registrierung ganz gut zurecht, aber es war schon etwas Besonderes, und wegen dieses offiziellen Status' konnten wir 2009 dann sogar einen Radiosender starten – bis heute ist unsere die einzige christliche Radiostation, dabei ist die Anzahl der Sender ansonsten ziemlich unüberschaubar."

ERBIL / ARBIL: Hauptstadt der kurdischen Autonomieregion. Knapp 1 Mio. Einwohner, darunter ca. 50.000 Christen im Vorort Ankawa (Stand Frühjahr 2014; inzwischen ein Vielfaches davon!).

Tayyips und Djamilas Dienst führt immer wieder zu besonderen Erlebnissen:

„Eines Morgens klingelte das Telefon und ein Moslem war am Apparat", erzählt Tayyip. „Ich weiß nicht, auf welcher Seite er stand, aber jedenfalls rief er aus Aleppo an, wo gerade gekämpft wurde. Er hatte meine Nummer von SAT7 bekommen, das ist ein christlicher TV-Sender, der von Zypern aus sendet; Muslime mögen diesen Sender sehr. Er erzählte, dass sie gerade in einer zerstörten Kirche in Aleppo ihr Quartier aufgeschlagen hatten und dort auch schliefen. Er hatte eine Vision in dieser Kirche, dass die Kirche wieder repariert und voll von Leuten war, sogar die schönen Wandgemälde waren restauriert. Eine Person ganz in Weiß kam auf ihn zu und berührte ihn, legte ihm die Hand auf die Schulter. Er verstand, dass dies Jesus war. Er hatte viele Fragen, aber nicht viel Zeit. Ich sagte ihm, dass er immer wieder diese Nummer anrufen dürfe, wenn er noch Fragen habe. ‚Ich weiß nicht, ob ich das schaffe', sagte der Anrufer, ‚das Telefon wird abgehört.' Er rief nie wieder an.

Ein anderes Mal war ich mit dem Taxi unterwegs. Beim Aussteigen schenkte ich dem Fahrer, einem Moslem, einen Jesusfilm. Nur kurze Zeit später traf ich ihn wieder. „Der Film hat mein Leben gerettet", erzählte er mir aufgeregt. Das konnte doch nicht sein! Wir hatten uns erst vor einer Stunde getrennt und der Film dauert zwei Stunden. „Ich habe ihn nicht angesehen", sagte der Mann. „Ich bin in eine Straßensperre geraten, in der Sunniten Schiiten erschießen wollten. Einer der Männer, die Gewehre trugen, sah den Film auf der Ablage meines Autos liegen und brüllte mich an: „Ach, du bist nur ein dreckiger Christ! Du bist es nicht wert, dass ich eine Patrone verschwende! Steig aus und verschwinde!"[3]

Tayyips und Djamilas Leben hat sich in den letzten Jahrzehnten völlig anders entwickelt, als sie es sich zu Zeiten ihres Studiums in London ausgemalt haben. Drei krasse Brüche, drei Neuanfänge mit jeweils anderen Mitarbeitern ... Aber der Auftrag ist derselbe und sie sind ihm treu geblieben. Es ist eine solide Arbeit, die Tayyip, Djamila und ihr wachsendes Team über die Jahre auch hier in Kurdistan aufbauen. Zu den geistlichen und Mediendiensten kommt auch hier in der kurdischen Autonomieregion die humanitäre Hilfe. Dass diese ab Sommer 2014 einen Schwerpunkt ihrer Arbeit darstellen und Grundlage eines neuen Dienstes werden wird, kommt dann aber auch für Tayyip und Djamila überraschend.

---

3 Beide Erlebnisse aufgeschrieben von Claudia Dewald im Juni 2014.

AUSGERECHNET IRAK!

Der Sommer 2014 wird auch für Global Aid Network in Gießen eine besondere Zeit. Schon seit einigen Jahren hat GAiN immer wieder einzelne Container in den Irak geschickt; seit dem Einmarsch der Amerikaner und dem Fall Saddam Husseins 2003 haben viele Menschen ihre Heimatstädte verlassen und versuchen, sich in vergleichsweise sicheren Gebieten eine neue Existenz aufzubauen. Dabei haben wir sie mit Hilfsgütern unterstützt. Aber in diesem Jahr ist die Katastrophe fast mit Händen zu greifen.

Ab dem Frühjahr 2014 überrennt der IS den Irak regelrecht.[4] Schon wenige Sympathisanten in Städten und kleineren Dörfern reichen aus, um in ganzen Regionen den „Islamischen Staat", das Kalifat, auszurufen. Tausende flüchten aus ihren Städten und Dörfern in die kurdische Autonomieregion im Nordirak: gemäßigte oder als feindlich eingestufte Muslime, Regierungsbeamte, Christen und Angehörige anderer Minderheiten, denen der IS den Kampf angesagt hat ... Gleichzeitig lösen sich ganze syrische Flüchtlingslager auf, die im Kernland des Iraks bisher vergleichsweise sicher waren; neue, größere Lager entstehen entlang der Frontlinien und bewegen sich immer weiter ins Inland

ISIS, IS, Daesh: Inzwischen hat sich in Deutschland die Bezeichnung IS, Islamischer Staat, durchgesetzt. Als unser Einsatz begann, wurde die Terrormiliz in Deutschland noch als ISIS (Islamischer Staat im Irak und Syrien) bezeichnet, und diese Abkürzung findet sich entsprechend auch in meinen Tagebuchaufzeichnungen. Amerikaner reden weiterhin von ISIS. In der arabischen Welt hat sich die Fremdbezeichnung „Daesh" durchgesetzt, eine eher negativ besetzte Ableitung aus den arabischen Anfangsbuchstaben; das ist auch die Bezeichnung, die unsere Gesprächspartner überwiegend verwendet haben.

---

4 Eine kleine Übersichtstabelle über die politischen Ereignisse in dieser Zeit und unseren Einsatz finden Sie auf den S 156–158 dieses Buches.

Kurdistans hinein. Die UN liefert gerade genug Nahrung und Wasser, dass es für die meisten zum Überleben reicht. Die Lebensumstände dieser entwurzelten, traumatisierten Menschen sind erbärmlich.

Anfang Juni nimmt der IS Mossul, die zweitgrößte Stadt des Irak, ein. Hals über Kopf verlassen viele Christen und andere Verfolgte ihr Zuhause. Die Flüchtlingsströme verstärken sich weiter.

Kurze Zeit später reist GAiN-Direktor Klaus Dewald mit einigen anderen Verantwortlichen in den Irak. Sie schauen sich die neu gegründeten Camps an, sprechen mit Flüchtlingen und beraten sich mit CAPNI-Verantwortlichen und mit Tayyip, dem Leiter unserer einheimischen Partnerorganisation.

Dabei begegnen die GAiN-Kollegen auch Jemima, einer Witwe aus Mossul, die bei Christen Unterschlupf gefunden hat. Claudia Dewald hat ihre Erfahrungen aufgeschrieben:

„Ich bin 83 Jahre alt und habe bis vor Kurzem in Mossul gelebt. Ich war in meinem Haus, als ISIS die Stadt eroberte, und habe das gar nicht mitbekommen! Einige junge Leute aus der Gemeinde, die eigentlich schon geflüchtet waren, sind extra zurückgekommen und haben mich geholt. Ich hatte gar keine Zeit, meine Sachen zusammenzupacken. In meinem Haus hatte ich Gold und Schmuck, den ich für die Arbeit meiner Kirche spenden wollte, aber auch das musste ich zurücklassen. Die jungen Leute haben mich auf einen Karren gesetzt, weil ich nicht so gut laufen kann, und mich aus der Stadt gezogen. So bin ich nach Dohuk gekommen und dort vom Priester und seiner Familie herzlich aufgenommen worden. Ich wollte aber unbedingt noch die Wertsachen aus meinem Haus holen und so bin ich mit den jungen Männern noch einmal in mein Haus zurückgekehrt. Ich habe mich als Muslima verkleidet. Wir haben den Schmuck wirklich holen können! Ich habe keine Familie, keine Kinder und keine Angehörigen, ich bin ganz alleine. In den Christen in Dohuk habe ich eine neue Familie gefunden, die mir hilft und Schutz gibt.“[5]

---

5 Aufgeschrieben von Claudia Dewald am 19.06.2014.

Tayyip ist selbst überrascht über das Ausmaß der Not, die ihnen hier begegnet. Er erzählt Klaus und Claudia Dewald von Einzelschicksalen, die inzwischen längst für viele stehen:

„Gestern sind wir mit einem Auto voller Wasser und Lebensmittel durch die Stadt gefahren. Wir kamen an einer verlassenen Tankstelle vorbei und sahen dort Menschen herumsitzen, eine muslimische Familie von 23 Leuten. Sie saßen einfach dort, hatten nichts zu essen und zu trinken; Kinder und alte Leute saßen da buchstäblich im Dreck. Die Kinder hatten fast nichts an. So haben wir schnell Kleidung geholt. Sie haben uns nach Damenbinden und anderen Dingen gefragt, die ihnen fehlten. Wir waren sehr überrascht, was sie alles brauchten. So etwas hatten wir noch nie erlebt; wir hatten uns keine Gedanken gemacht, was Flüchtlinge alles brauchen können. Diese Leute hatten wirklich nichts und lebten auf dem Gelände dieser Tankstelle. Sie baten auch um ein Zelt. Wir haben aufgetrieben, was wir konnten, und es zu dieser Familie gebracht. Sie waren sehr dankbar."[6]

Klaus und die GAiN-Verantwortlichen anderer Länder beschließen, sobald wie möglich ein Katastrophenhilfe-Team zu schicken, um Tayyip und seinen Mitarbeitern beim Helfen zu helfen: Sie werden in kurzer Zeit mehrere Container mit Hilfsgütern für einige Lager und für die versprengten Flüchtlingsfamilien in den großen Städten schicken, und das Katastrophenhilfe-Team wird diese vor Ort verteilen. Mit Hilfslieferungen in dieser Größenordnung ist Tayyips Team bisher nicht vertraut. Einige Monate lang werden Mitglieder des GAiN-Katastrophen-Teams deswegen Mitarbeitern und Ehrenamtlichen vor Ort mit ihren Erfahrungen zur Seite stehen, wie man auch größere Mengen von Hilfsgütern ins Land bringen, effektiv verwalten und verteilen kann, und dann soll die Arbeit in

DART: Das „Disaster Assistance and Response Team" ist das internationale Katastropheneinsatzteam von GAiN. Trainings finden jeweils im Sommer in Lettland statt. Ich gehörte 2012 zu den ersten DART-Teammitgliedern; inzwischen sind es rund 60 meist ehrenamtliche Helfer, die sich für Einsätze zur Verfügung stellen.

---

6 Aufgeschrieben von Claudia Dewald am 19.06.2014.

einheimische Hände übergeben werden. Eine E-Mail geht an alle Mitglieder des GAiN-Katastrophen-Teams: Wer kann für einige Wochen mit dabei sein?

„Och Kind! Muss das denn sein?", entfährt es meiner Mutter, als ich meinen Eltern Bescheid gebe, dass ich in diesem Sommer möglicherweise einige Wochen im Einsatz sein werde. „Ausgerechnet Irak?" Es ist eher ein rhetorischer Seufzer. Meine Eltern haben mir, mehr im Vorbild als durch ihr Reden, schon von klein auf beigebracht, dass es nichts Erfüllenderes gibt als ein Leben mit Gott und unter seiner Führung – selbst wenn das manchmal unbequem, unpopulär oder mit Opfern verbunden ist. Ich gebe zu, dass Gott mich streckenweise etwas ungewöhnlich-exotische Wege geführt hat; meine Eltern haben mich dabei immer losgelassen und Anteil an meinen Abenteuern genommen. Das rechne ich ihnen sehr hoch an. Dass mich ein Katastropheneinsatz auch in schwierige Gebiete führen kann, haben wir schon besprochen, als ich mich vor einigen Jahren zum Training anmeldete. Und trotzdem kann ich Mamas Seufzen gut verstehen.

Muss das denn sein? Die Frage stellt sich mir natürlich auch, spätestens in dem Moment, als ich meine Dokumente „für den Ernstfall" aktualisiere – mit meinen Zugängen und Passwörtern, einer Art Testament und den Adressen von Freunden, die im Fall meines Todes zu benachrichtigen sind. Auf was lasse ich mich hier eigentlich ein? Die kurdische Autonomieregion ist im Moment vergleichsweise sicher und unsere irakische Partnerorganisation würde uns ansonsten auch nicht ins Land holen, aber letzten Endes ist die ganze Region nicht wirklich stabil und die Front des IS ist von unserem Einsatzort nicht einmal so weit entfernt wie der Frankfurter Flughafen von unserer Zentrale in Gießen.

Für mich persönlich spielen zwei Grundüberlegungen eine Rolle. Zum einen, dass das Risiko in einem vertretbaren Verhältnis steht zu dem, was wir Gutes leisten können. Ich würde mein Leben nicht für einen Urlaub oder aus reiner Abenteuerlust aufs Spiel setzen, aber die Aussicht, Menschen echte Hilfe und Hoffnung bringen zu können, ändert alles. Wofür würde ich mein Leben in die Waagschale werfen? Dafür, dass Tausende Kinder mit stabilen Sandalen durch den Wüstensand laufen können? Dafür, dass eine Witwe gerade genug Hoffnung für die Zukunft schöpft, dass sie ihre Lethargie abschütteln und sich wieder ihren Kindern zuwenden kann? Dafür, dass einige Dutzend Säuglinge dank unserer Babynahrung überleben, die sonst keine Chance hätten? Ist mein Leben mehr wert als ihres?

Der andere Gedanke ist ein Vers aus dem 1. Johannesbrief, der mir in diesen Tagen immer wieder in den Sinn kommt. „Wer aber irdischen Besitz hat und sieht seinen Bruder Mangel leiden und verschließt sein Herz vor ihm, wie bleibt die Liebe Gottes in ihm?", heißt es da herausfordernd (Kapitel 3,17; rev. Elb.). Ich kann nicht immer so viel Geld und Materielles geben, wie ich gerne würde, aber ich lege den Vers auch gerne etwas weiter aus: Wenn es irgendwo eine Not gibt und ich bin konkret angesprochen und in der Lage zu helfen – aufgrund meiner Erfahrung, meiner persönlichen Situation, meiner Zugehörigkeit zu einer Hilfsorganisation oder was auch immer –, dann ist es nur eine logische Folge meiner Liebe zu Gott, dass ich auch meinen Nächsten liebe und meinen Beitrag zu seinem Wohl leiste. Ich fühle mich dabei nicht besonders heldenhaft, ich tue einfach nur das Naheliegende. Und wo ist dann die Grenze? Da ist die Bibel überaus unbequem in ihrer Deutlichkeit. In unmittelbarer Nachbarschaft zum oben genannten Vers findet sich nämlich auch dieser: „Wir sind schuldig, für die Brüder das Leben hinzugeben ..." Diese Klarheit hilft mir, meine Entscheidung zu fällen: In der Nachfolge des gekreuzigten Christus ist es in Ordnung, beim Einsatz für den Bruder das Leben zu riskieren. Ich erwarte dafür keine Bewunderung. Aber ich möchte mich dafür auch nicht rechtfertigen müssen.

Es ist eine verrückte Spannung, die ich in diesen Tagen empfinde: Am Tag vor meiner Ausreise gewinnt Deutschland die Fußballweltmeisterschaft. Ich feiere mit und bin in Gedanken doch schon in einer ganz anderen Welt.

Es ist eine Welt, die von Krieg, Unrecht und Gewalt geprägt ist. Josua ist einer der ersten irakischen Christen, die ich persönlich kennenlerne. Er ist 26 Jahre alt und hilft uns als Übersetzer aus. Er ist einer meiner unmittelbaren Nachbarn im Irak; zusammen mit einigen Familienangehörigen hat er Zuflucht im Gästehaus einer Kirche gefunden, in dem auch wir untergebracht sind. Bis vor wenigen Wochen war er Student in Mossul. Eigentlich hätte er in einigen Monaten sein Bauingenieurstudium beendet und sich eine Anstellung gesucht. Aber seit dem 8. Juni ist in Josuas Leben nichts mehr so wie vorher.

MOSSUL: ca. 3 Mio. Einwohner. Einnahme durch (300–1000) IS-Kämpfer (gegenüber offiziell 30.000 Soldaten der irakischen Armee) Mitte Juni. Ultimatum an die Christen am 19. Juli. Die Stadt, die neben den Überresten Ninives aufgebaut wurde, ist sunnitisch geprägt, der Irak ist ansonsten vorwiegend schiitisch. Sunniten waren nach Saddams Sturz benachteiligt und in der Regierung unterrepräsentiert – daher nun die Unterstützung für den (sunnitischen) IS. Im Sommer 2014 wurden ca. 135.000 Christen vertrieben; zum ersten Mal seit fast 2000 Jahren gibt es in der Stadt keine Christen mehr. Mossul wurde zur Hochburg des IS: Abu Bakr al-Baghdadi, der selbst ernannte Kalif des Islamischen Staates, hat dort seinen Sitz.

JOSUAS GESCHICHTE

„Ich weiß noch, dass im Hintergrund das Radio lief. Ich habe aus dem Fenster geschaut. Unser Haus stand gegenüber der Polizeistation und einem militärischen Stützpunkt, und in den letzten zehn Jahren sind diese Gebäude immer wieder von islamischen Terroristen angegriffen worden. Ich kann mich noch erinnern, wie eines Tages eine Bombe auch auf unserem Hausdach landete. Alle Kleider, die wir dort zum Trocknen aufgehängt hatten, verbrannten, und zwischen dem Dach und meinem Zimmer wurde ein Loch gerissen. Wir waren gerade alle zu Hause. Das ganze Haus war voller Ruß und Rauch, und wir konnten fast nichts sehen. Aber wir hatten alle überlebt, Gott sei Dank.

Ich kann nur schwer in Worte fassen, was ich an diesem 8. Juni empfand. Es ist alles noch ganz frisch. Unsere Soldaten rennen wie wild durch die Stadt, um all diesem Irrsinn zu entkommen. Die Hauptstraße vor unserem Haus ist voller Leute und hupender Autos. Militärfahrzeuge, Polizeiwagen, Krankenwagen, Regierungsbeamte und Geistliche warten alle in dieser langen Schlange in der Hoffnung, noch vor der Dämmerung aus der Stadt zu kommen. Das macht mir solche Angst. Es wird dunkel und auf den Straßen ist es nun ganz ruhig. In den dunklen Gassen kann man keine Bewegungen mehr erkennen, nur hinter mir tickt unsere Uhr. Es ist wie das Ticken einer Bombe, bevor sie explodiert. Meine Mutter schaut zu mir herüber und meint leise: ‚Jetzt haben die reichen und gesunden Leute alle die Stadt verlassen und nur die Armen und Schwachen sind zurückgeblieben.‘ Zum ersten Mal in unserer Geschichte hat unsere Regierung uns im Stich gelassen. Sie haben uns schutzlos unter Raubtieren zurückgelassen.

Das Telefon klingelt, es ist mein Onkel. Mein Vater grüßt ihn höflich und hört geduldig zu. Als er den Hörer auflegt, sagt er nur: ‚Packt ein, was ihr braucht. Stellt euch darauf ein, dass wir nicht in unser Haus zurückkommen.‘ Wenig später stehen meine Mutter, mein Vater und meine Schwestern stumm im Hausflur. Ich schlüpfe nach draußen und gebe ihnen ein Zeichen, mir zu folgen. Wir haben vor, uns durch kleine Seitengassen aus der Stadt zu schleichen und außerhalb der Stadt ein Taxi zu suchen, das uns nach Karakosch bringt. Das ist eine kleine christliche Stadt, nicht weit von Mossul entfernt. Mein Onkel wohnt dort und in den Ferien besuchen wir ihn oft. Plötzlich hören wir unsere Nachbarin hinter ihrem Tor flüstern: ‚Kommt schnell hier rein und macht das Tor zu!‘ Wir flüchten uns in ihr Haus und schließen die Tür hinter uns zu. Diese muslimische Nachbarin hat gerade mitbekommen, dass ISIS in den Straßen um unser Haus herum auf Streife geht. Es gibt keinen Weg nach draußen. Sie bietet uns Tee und Kekse an. Wir warten. Keiner sagt ein Wort.

Die Morgendämmerung bricht an. Wir küssen unsere Nachbarin ein letztes Mal zum Abschied auf die Wange und danken ihr für alles. Ich halte den Atem an, als ich das Tor zur Straße öffne. Niemand ist zu sehen. Wir nehmen unsere Taschen hoch und laufen langsam, vorsichtig die Straße hinunter. Jeder Schritt kommt mir länger vor als der vorherige. Ich kann mein Herz schlagen hören. Mein Mund ist ganz trocken. Wir haben kein Wasser dabei. Endlich kommen wir am Stadtrand an. Es sind keine Taxis zu sehen. Viele Menschen sind hier zusammengekommen, um in die umliegenden Orte aufzubrechen. Auch meine Vettern treffen wir hier. Wir laufen alle zusammen in die Wüste hinein. Ich versuche, immer wieder die Augen zuzumachen, damit sie im hellen Sonnenlicht und im Wüstenwind, der mir ins Gesicht weht, nicht austrocknen. In meinem Kopf sind so viele dunkle Bilder und Erinnerungen. Wenn ich die Augen schließe, sehe ich die dunklen langen Bärte und wütenden Gesichter der ISIS-Kämpfer vor mir. Fast fühle ich ihre Gewehre an meiner Schulter. Meine Schwester greift nach meiner Hand und ich bin wieder in der Wüste. Es ist nichts weiter passiert. Ich schaue zu meinem alten Vater hinüber. ‚Stütz dich doch auf mich‘, biete ich an. Er ist von der Hitze ganz schwach und müde.

Als wir uns zu einer kleinen Pause hinsetzen wollen, hören wir Gewehrschüsse und lautes Hupen. Es ist ein Militärfahrzeug. Die Soldaten schießen über unsere Köpfe hinweg, damit wir den Weg frei machen. Wir springen in den Straßengraben, ich ziehe meine Schwestern zu mir heran und werfe mich über sie. Das ist doch verrückt! Warum schießen sie auf uns? Sie sollten uns doch beschützen!

Wir stehen wieder auf, schütteln den Staub und Schmutz aus unseren Kleidern und laufen weiter. Neben uns beginnen die Leute zu tuscheln. Meine Vettern und ich versuchen nicht hinzuhören, aber die Stimmen werden immer lauter. Die Leute spekulieren, wo wir herkommen, ob wir wohl beim Militär waren und nun in Zivil aus Mossul zu flüchten versuchen. In ihnen ist so viel Ärger, so viel Durcheinander. Ich beginne zu beten. Ich vergebe ihnen. Gott kennt die Wahrheit.

Die Straße nimmt kein Ende. Meine Füße sind müde, meine Augen brennen. Ich kann das Salz auf meinen Lippen schmecken, und da ist so viel Sand in meinem Mund. Plötzlich ist hinter uns wieder das Geräusch von vorhin. Noch ein Militärlastwagen, wieder Schüsse. Ich greife nach der Hand meiner Schwester und drücke meine Mutter gegen sie. Wir hocken uns in den Straßengraben, ich halte uns allen die Augen zu. Ich bin zu jung zum Sterben. Die Soldaten drängen sich durch die Menschenmassen hindurch und recken ihre Gewehre in die Luft. ,Wir tun euch nichts!', rufen sie. Was für ein schlechter Scherz.

Irgendwann kommen wir an einer Kreuzung an. Hier trennen wir uns von den anderen und schlagen die kleine Straße nach Karakosch ein. Es ist immer wunderbar erholsam gewesen bei unserem Onkel. Normalerweise brauchen wir mit dem Auto nur eine halbe Stunde und können dann den ganzen Tag in seinem Garten verbringen. Diesmal sind wir sechs Stunden gelaufen, und wenn wir ankommen, wird das Haus voller Flüchtlinge sein.

Wir laufen weiter und halten nach Hoffnungszeichen Ausschau. Meine Mutter kann sich kaum noch auf den Beinen halten, die Füße tun ihr weh und ihre Bluse ist vom Schweiß ganz nass. Ich nehme ihre Tasche und halte ihre Hand, bis wir zu einem kleinen, bunt bemalten Haus kommen. Die freundlichen Bewohner laden uns in ihren Garten ein, bieten uns Brot und Wasser an. Wir legen auch tatsächlich eine kleine Pause ein, aber ich rate uns allen dringend weiterzugehen, bevor die Sonne noch höher am Himmel steht. Wir laufen weiter. Die Straße wird klebriger, je heißer es wird. Um uns herum ist nur Sand und Wind. Wieder hören wir ein Auto kommen. Wir rennen auf die andere Straßenseite und werfen uns in den Straßengraben. Meine Schwestern zittern vor Angst. Wir wissen ja alle, dass ISIS junge hübsche Mädchen entführt und in die Sklaverei verkauft. Ich versuche meine Schwestern mit meinem Tuch zu bedecken und schiebe sie hinter meinen Vater. Der Wagen wird langsamer und die jungen Männer, die darin sitzen, lehnen sich aus dem Fenster. Wir beobachten sie nur aus den Augenwinkeln; es ist besser, auf den Boden zu schauen. Einige Meter weiter stehen zwei verlassene Militärfahrzeuge. Die Männer greifen schnell nach den Waffen und Lebensmitteln, die sie noch im Fahrzeug finden, und fahren davon. Gott sei Dank, uns ist wieder nichts passiert!

Schließlich erkennen wir von Weitem das Schild: Karakosch. Ich kann kaum glauben, dass wir es endlich geschafft haben. Unser Onkel wird uns hier innerhalb der Stadtgrenze abholen. Aus Angst vor Selbstmordattentätern dürfen Autos im Moment weder in die Stadt hineinfahren noch aus ihr hinaus. Wir sind so froh, ein lächelndes Gesicht zu sehen und bei seiner Familie bleiben zu können. Am nächsten Morgen beginnen wir Ausschau nach einer kleinen Wohnung zu halten. Wir haben keinerlei Ansprüche und finden innerhalb von wenigen Tagen etwas. Die Zweizimmerwohnung, die wir alle zusammen beziehen, liegt im zweiten Stock eines Hauses. Es gibt kein fließendes Wasser, keine Klimaanlage und keine Möbel. Unser Onkel leiht uns einige Matratzen, Kissen und Bettwäsche. Wir leeren unsere Taschen aus und setzen uns darauf, einfach so auf dem Boden. In den Räumen wird es sehr schnell sehr heiß, wir fühlen uns wie in einer Sauna. Meine Schwestern und ich holen Wasser von einem Brunnen nach oben in die Wohnung, zum Glück ist er nicht weit vom Haus entfernt. Das Wasser ist zu salzig, als dass man es trinken oder das Gesicht damit waschen könnte, aber zum Saubermachen können wir es gut gebrauchen. Wir könnten es auch kochen, aber es ist nicht mehr sehr viel Gas da. Wenn es Abend wird, nehmen wir unser Bettzeug und steigen aufs Dach hinauf.

Wir legen uns dort auf den Boden und lassen die kühle Luft über unsere aufgeheizten Körper ziehen. Wir teilen Brot, das wir als Abendessen kaufen konnten, und trinken Chai. Gott ist so gut zu uns gewesen.

Fünfzehn Tage vergehen. Wir haben gerade unser Abendgebet gesprochen, ich liege auf dem Dach, schaue zu den Sternen auf und träume von Frieden und Freiheit. Ganz plötzlich höre ich wieder ein Geräusch, das mir nur allzu vertraut ist, und eine Explosion. ISIS hat begonnen, Bomben auf unsere Stadt abzuwerfen. Wir rennen nach unten und halten die Hände über den Kopf. Der Himmel ist hell erleuchtet von den Bomben und ihrem gelben Rauch. Wir beten bis zum Morgen.

Als die Sonne aufgeht, schnappen wir unsere Taschen und rennen zum Haus unseres Onkels. Er weiß, wie man aus der Stadtgrenze herauskommen und aus Karakosch flüchten kann. Wir fahren zurück nach Mossul. Es ist zu gefährlich, in unser Haus zu gehen, also setzt unser Onkel uns bei Verwandten ab. Der Fernseher läuft, als wir ankommen. Es ist so surreal. Unsere Familie ist so müde vom ständigen Flüchten, aber wir sind dankbar, dass wir Verwandte und Freunde haben, die uns beschützen. Wieder vergehen einige Tage. Wir warten auf eine günstige Gelegenheit, aus dem Irak wegzukommen. Das ist nicht einfach, denn wir haben gehört, dass ISIS um die Stadt herum Barrikaden errichtet hat und jedes Auto untersucht. An einem Abend kommt auf einem christlichen Fernsehsender die Werbung einer Organisation in Erbil. Sie gibt Telefonnummern und Kontaktdaten durch und macht den Leuten Mut, sich mit ihnen in Verbindung zu setzen, wenn sie in Gefahr sind. Ich beschließe, mich bei ihnen zu melden und sie zu bitten, dass sie für uns beten. Meine Stimme ist ganz schwach, als ich ihnen unsere Geschichte erzähle. Ich frage sie auch, was wir machen sollen. Am anderen Ende der Leitung ist ein älterer Mann mit einer Stimme, die Frieden ausstrahlt. Er rät uns, Mossul sofort zu verlassen. Wir sind so dankbar, dass er uns sagen kann, wo wir einen vertrauenswürdigen Taxifahrer finden, welche Straßen frei und welche Grenzpunkte sicher sind. Innerhalb einer Stunde ist uns wieder die Flucht geglückt, diesmal mit einem Auto. Wir fahren wieder nach Karakosch, wo unsere alten Eltern bleiben werden. Wir jungen Leute aus meiner Familie beschließen, dass wir nach Erbil weiterfahren wollen, wo diese christliche Organisation sitzt. Wir sind aufgeregt, ängstlich und traurig zugleich. Wir sind noch nie von unseren Eltern getrennt gewesen.

Als wir in Erbil ankommen, holt uns ein netter Mann von der Organisation ab. Eigentlich, erzählt er uns, wollten sie uns in einem irakischen Flüchtlingslager unterbringen, aber er kann die Kontaktperson nicht erreichen, die das arrangieren soll. Also bringt er uns zur Gästewohnung einer Kirche. Gerade als wir ankommen, verlassen 40 Leute das Haus, weil sie eine eigene Unterkunft gefunden haben. Man teilt uns einen Raum mit zwei Betten zu. Vier weitere Matratzen legen wir auf den Boden. Wir schlafen sofort ein.

Erst am nächsten Morgen lernen wir die anderen Bewohner unserer Unterkunft kennen, darunter auch das Team von GAiN. Ich bin so dankbar, dass wir von Menschen umgeben sind, denen wir vertrauen können und denen unser Wohl am Herzen liegt. Wir sind durch die Hölle gegangen, aber Gott hat uns gerettet. Wir sind so dankbar für alles, was wir haben. Ich habe beschlossen, Jesus mein ganzes Leben zur Verfügung zu stellen und den Leuten zu dienen, die zu ihm gehören – egal, wo er mich hinführt."[7]

Zwei Wochen nach seiner Ankunft beginnt Josua, ehrenamtlich für unsere Partnerorganisation zu arbeiten. Er bringt anderen jungen Flüchtlingen bei, wie sie Arbeit suchen können. Auch seine Schwestern und Cousins brauchen dringend Arbeit; es gibt kein Sozialsystem, das sie unterstützen würde. Einen Job zu finden ist nicht einfach, weil sie ihre Abschlusszeugnisse und Zertifikate in Mossul zurückgelassen haben, kein Kurdisch sprechen und keine Berufserfahrung haben, aber sie geben die Hoffnung nicht auf. Die Arbeit der Kollegen hat Josua sehr berührt. Dass die einheimischen Christen Muslimen und Christen gleichermaßen helfen, beeindruckt ihn. Dem GAiN-Team schließt er sich begeistert an, als in den Flüchtlingslagern Hilfsgüter ver-

---

7 Aufgeschrieben von Johanna Mägila am 26.07.2014.

teilt werden. Er wohnt mit seinen Schwestern und Cousins auch noch in der Gästewohnung, als ich am 15. Juli in Erbil ankomme; erst später ziehen sie in eine kleine Einraumwohnung um. Sie heißen mich liebevoll in ihrer Mitte willkommen.

Ich übernehme die Leitung unseres kleinen GAiN-Katastrophenteams. Johanna aus Estland ist für die Kommunikation und Finanzen verantwortlich, Henri aus Holland für die Geräte und Logistik. Sie sind beide schon einige Wochen da und haben es einrichten können, noch einige Wochen länger zu bleiben; ich löse nur Holger ab, den bisherigen Leiter. Ich stelle mir unseren Einsatz, unbedarft wie ich bin, so vor, dass wir tagsüber in den Flüchtlingslagern und bei einzelnen Familien unterwegs sind, Container in Empfang nehmen, Hilfsgüterverteilungen organisieren und ansonsten nicht sehr viel von den Menschen mitbekommen, denen wir hier dienen möchten.

Wie ich mich täusche! In den nächsten Tagen sind wir alle so mittendrin im Geschehen und hören so viele Geschichten, dass ich beginne, sie in einem Tagebuch aufzuschreiben und meinen Freunden daheim zu schicken. Ein Bekannter veröffentlicht sie auf seinem Internet-Blog und so nimmt der auf die Schnelle sogenannte „Newsticker" Leute in ganz Deutschland unmittelbar mit hinein in das Schwere, das unsere Geschwister im Irak in diesen Tagen erleben. Wir haben meine Aufzeichnungen vom Sommer 2014 unverändert in dieses Buch mit aufgenommen und lediglich um die Geschichten ergänzt, die meine Kollegin Johanna in dieser Zeit aufgeschrieben hat, um auch Sie so direkt wie möglich an den Ereignissen teilhaben zu lassen.

IRAK-NOTIZEN I

DIENSTAG, 15. JULI 2014

Ich bin eben erst am Flughafen angekommen, aber manche Termine sind wichtig, auch wenn man vor Müdigkeit kaum aus den Augen gucken kann: Wir nehmen an einem interdenominationellen Gebetstreffen teil. Rund 100 Leute kommen hier zusammen, und Tayyip, der Leiter unserer einheimischen Partnerorganisation, meint hinterher, dass sie aus mindestens neun oder elf Gemeinden kommen. Das ist ungewöhnlich. Sie sind zusammengekommen, um für Mossul zu beten. „Es ist wichtig, dass wir im Gebet eins werden", sagt ein Pastor. „Unser Gebet soll die Mauern niederreißen, die der Teufel zwischen uns aufgerichtet hat."

Viele der Neuankömmlinge aus Mossul sind zu dem Treffen gekommen. Manche von ihnen – wie die jungen Leute, die mit in unserer Wohnung leben, und ihre Freunde – sitzen ganz hinten. Einer zeigt Bilder von Mossul: Er hat sich vor einigen Tagen noch einmal in die Stadt zurückgewagt, um einige Dokumente zu holen, und hat dabei um sein Leben gefürchtet. ISIS haben schwarze Markierungen an den Häusern der Christen angebracht, um damit ihren Anspruch darauf deutlich zu machen. Die Straßen sind menschenleer, und die einzigen Autos, die man in der Stadt sieht, sind die ausgebrannten, die am Straßenrand liegen geblieben sind.

Ganz vorne sitzt ein älteres Ehepaar aus Mossul. Sie sind schon zum vierten Mal geflüchtet und haben alles zurückgelassen. Jetzt haben sie schon wieder alles verloren.

Wenn sie singen, erheben viele ihre Hände in einer Geste der Anbetung und sie scheinen ihren Lobpreis Gott streckenweise regelrecht zuzubrüllen. „Du bist unser Schild", singen sie. „Wir haben Angst, aber wenn wir zu dir als unserem Herrn aufschauen, wissen wir, dass wir Überwinder sind. Unser wahrer Feind, der Teufel, ist schon besiegt."

Ich bin mir sicher, dass sie all diese Lieder auch schon gesungen haben, als die Zeiten vergleichsweise friedlich waren, aber hier klingen sie so viel realer. Wie auch die Predigt über den Propheten Habakuk, die ein anderer Pfarrer vorträgt: Der Prophet war verstört, weil er Gottes Gerechtigkeit nicht sehen konnte. Er musste seinen Blickwinkel ändern und den Schöpfer der Welt betrachten, um das große Ganze wahrzunehmen. Habakuk wurde bewusst, dass Gott immer noch über den Dingen stand und dass die Gerechtigkeit siegen würde. Die Welt sah immer noch düster aus, aber Habakuk konnte sich freuen.

Ganz offensichtlich können die Flüchtlinge sich mit Habakuks Erfahrungen identifizieren. Einer aus Bagdad gibt einen Zwischenstand zur Situation dort. „In den Kirchen stehen die Leute im Gebet zusammen. Aber außerhalb der Kirchen sieht es sehr düster aus." Ein anderer hat Neuigkeiten aus Mossul: Nur noch wenige Christen sind in der Stadt geblieben und ISIS hat ihre Häuser übernommen.

„Alle sagen, dass es keine Hoffnung gibt", meint ein Bruder. „Aber wir glauben an einen großen Gott. Unsere Umstände sind schwierig. Aber unser Gott ist größer."

MITTWOCH, 16. JULI 2014

Holger, mein Vorgänger, und ich nehmen uns heute etwas Zeit für die Übergabe, während Johanna und Henri ihren üblichen Aufgaben nachgehen. Johanna schreibt die Geschichte der 45-jährigen Dilara auf, die wie so viele Hals über Kopf aus Mossul fliehen musste und der sie vor einigen Tagen in einem Kloster der Orthodoxen Kirche begegnet ist. Dort hatte das Team Lebensmittel verteilt.

„Es war schon Mitternacht, als das Telefon klingelte. Eine Freundin war am Apparat. Alle Christen sollen so schnell wie möglich aus Mossul fliehen, sagte sie. Ich hatte solche Angst. Wir packten schnell das Nötigste zusammen und waren schon eine Stunde später aus dem Haus. Mein jüngstes Kind war erst eine Woche alt und ich war noch ganz schwach von der Entbindung. Zur Grenze brauchten wir vier Stunden. Ich erinnere mich an diese endlose Kette von kleinen roten Punkten auf dem Weg dorthin. So viele Autos standen dort und warteten, nicht nur auf der Straße, sondern bis in die Felder hinein. An einer Stelle habe ich dreißig Autos nebeneinander zählen können, und vor ihnen und hinter ihnen waren weitere Autos, eine endlose Schlange. Alle Christen versuchten aus Mossul zu fliehen. Ich konnte vor lauter Angst mein Baby nicht stillen. Ich habe einfach keine Milch produzieren können. Mein Kind war schon ganz schwach, als wir in diesem Kloster ankamen. Wir sind so dankbar, dass wir alle leben und in Sicherheit sind. Danke für das Essen, das ihr uns bringt. Bitte betet weiter für uns!"[8]

DONNERSTAG, 17. JULI 2014, ABENDS

Ich habe den ganzen Tag gearbeitet und mich nun zu Henri auf eines der großen Sofas im Flur unserer Wohnung gesetzt. Es ist so ruhig hier. Die Iraker, die hier leben, sind sehr stille, unaufdringliche Leute. Wir wohnen in dieser Wohnung, die von einer einheimischen Gemeinde angemietet wurde, nämlich nicht alleine: Von den fünf oder sechs großen Zimmern sind zwei von uns belegt, die anderen von Christen-Familien, die in den letzten Wochen aus Mossul geflüchtet sind. Sie haben Glück, dass sie bei Bekannten oder in Gemeinden unterkommen können und nicht im Camp landen; die Christen helfen einander.

Bevor ich ankam, hat Johanna erzählt, waren in einer Nacht vierzig Leute hier: Sie legten in allen Zimmern Matratzen auf den Boden und waren einfach dankbar, eine Bleibe zu haben. Auch bei Johanna hat eine junge Frau einige Nächte mit gewohnt. Immer wieder hat meine Kollegin, wenn sie durch den Flur oder in die Küche ging, weinende oder ganz versteinerte Menschen auf den Sofas sitzen sehen, manchmal hat sie sich zu ihnen gesetzt und mit ihnen geweint oder still gebetet, aber das Bewegende ist, wie sie alle einander beistehen. Die, deren Flucht schon einige Tage oder Wochen zurückliegt, versuchen die zu trösten, die gerade erst angekommen sind.

Für viele von diesen Familien kann recht bald eine andere, dauerhafte Unterkunft gefunden werden, und so waren wir in den letzten Tagen alleine mit einer sechsköpfigen Familie, die in einem der Zimmer zusammenhauste. Johanna hat sich mit den

---

8 Aufgeschrieben von Johanna Mägila am 16.07.2014.

51

vier Kindern angefreundet, die alle zwischen Oberstufen- und Studentenalter sind. Einer von ihnen hat bis vor drei Wochen studiert, aber damit ist es wohl nun vorbei. Im Moment versuchen alle, irgendwelche Jobs zu finden, um sich über Wasser zu halten. Übermorgen werden sie ausziehen und wir sind schon fast ein bisschen traurig, dass unsere „Studenten-WG" dann vereinsamt.

Wir sitzen also so zusammen und klönen gemütlich, als die Wohnungstür aufgestoßen wird und Kemal hereinkommt, einer unserer neuen Bekannten hier; er ist vor einigen Wochen in unsere Stadt geflüchtet. Er bringt eine Familie mit. Die junge Frau und ihr Vierjähriger kauern sich in eine Ecke des Sofas, der Mann schafft es gerade noch bis zum Sofa, bevor er zusammenbricht. „Ich hab noch nie einen Menschen gesehen, der so fertig war", meint Henri hinterher, und der ist als Feuerwehrmann schon einiges gewöhnt. Es braucht eine Weile und mehrere Gläser Wasser, bis der Mann sich so weit gefangen hat, dass er reden kann. Eine Iraki-Kanadierin, die unter Flüchtlingen arbeitet und mit hergekommen ist, übersetzt einiges, aber manches erzählt er auch selbst in Englisch:

„Vor ein paar Tagen standen ISIS-Leute vor unserer Tür. Sie haben unsere Personalien aufgenommen und unsere Telefonnummern aufgeschrieben. Am nächsten Nachmittag haben sie meine Frau auf ihrem Handy angerufen und sie bedroht; sie haben ihr aus dem Koran vorgelesen und ihr gesagt, dass wir alle umkommen, wenn wir nicht zum Islam übertreten. Meine Frau hat große Angst gehabt. Und dann standen sie plötzlich vor der Tür, eine ganze Gruppe von Männern mit schwarzen Kleidern und dunklen Bärten. Sie wollen die Leute einschüchtern. Mein kleiner Sohn hat gefragt: ‚Töten die uns jetzt?' Aber sie haben nur unser Haus von oben bis unten durchsucht. Dabei haben sie meine kleine englische Gideon-Bibel gefunden. Sie haben mich angeschrien, woher ich die habe, und ich habe gesagt, von einem Freund. Aber wenn ich einen amerikanischen Menschen kenne, bin ich natürlich für sie schon ein Verbrecher. Sie haben gesagt, dass sie uns schon seit einem Monat ganz genau beobachten und dass ich mich vorsehen soll. Sie sind wieder abgezogen, aber uns ist bewusst geworden, dass wir jetzt erst recht nicht mehr sicher sind. Sie brauchen ja keinen Vorwand, um Leute umzubringen, aber eine englische Bibel wäre auch Vorwand genug. In den letzten Wochen haben sie mitten in der Stadt, auf offener Straße Filme gezeigt, in denen sie Leute hinrichten. Was sind das für Menschen? Ich habe zu ihnen gesagt, dass Gott wie eine Kerze ist und Wärme und Licht verbreitet – aber sie verbreiten nur Dunkelheit und Angst. Wie können sie sagen, dass sie für Gott kämpfen?

Dann hat uns auch noch ein Bekannter angerufen, der schon vor einigen Wochen geflüchtet ist. Er hat gesagt, dass wir unbedingt sofort wegsollen. Wir waren bisher geblieben, weil mein Bruder psychisch krank ist und sich strikt geweigert hat. Er hat seit Wochen keinen Zugang mehr zu den Medikamenten, die er eigentlich braucht, um ruhig zu sein. Wir haben ihn nicht überzeugen und ja auch nicht mitschleppen können, und so haben meine Eltern beschlossen, dass sie mit meinem Bruder in Mossul bleiben. Wir haben einige Taschen und unsere Papiere zusammengepackt und sind gegangen. An einem Grenzübergang hatten sie uns schon durchgelassen, als sie dann doch noch mal nach uns gerufen haben. Wir sollten zurückkommen. Aber ich habe mich nicht umgedreht und so getan, als hörte ich sie nicht. Sie haben nicht geschossen und wir haben in der Nähe der Grenze ein Taxi gefunden, das uns hierher gebracht hat.

Im Moment sieht die ganze Welt schwarz aus. Aber ich liebe Jesus. Irgendwie muss es ja weitergehen."

Inzwischen hat seine Frau das Zimmer hergerichtet und den Kleinen geduscht, und auch der Vater hat genug Kraft gefunden aufzustehen und zu duschen. Der Junge kriegt den ersten meiner mitgebrachten Kuschelbären geschenkt und tobt zwei Stunden später unbekümmert durch unser Zimmer. Wir reden fröhlich in unserer jeweiligen Sprache aufeinander ein, ohne uns zu verstehen, und kitzeln kann man zum Glück international. Ich glaube, ich habe einen Freund gefunden.

Auch unsere jungen Leute sind zurückgekommen. Heute habe zur Abwechslung mal ich gekocht und zusammen mit meiner neuen Nachbarin aus dem, was sich so im Gemeinschafts-Kühlschrank fand, eine Art Gemüsepfanne gemacht. Henri ist zu einem Imbissstand die Straße runter gegangen und hat ein Brathähnchen geholt. Und dann stehen wir um den Tisch mit all den Sachen herum und beten auf Arabisch, Holländisch und Deutsch – die Flüchtlinge von vor einigen Wochen, die Neuankömmlinge und wir, die wir uns kaum vorstellen können, was diese Leute durchgemacht haben.

Normalität – miteinander essen und Vierjährige kitzeln – und Ausnahmezustand liegen hier so dicht beieinander. Es ist schon besonders, diesen Geschwistern in dieser Zeit so nahe sein zu dürfen.

Freitag, 18. Juli 2014, nachmittags

Warum steht eigentlich heute nichts über Mossul in den deutschen Online-Zeitungen? Kriegt keiner mit, was hier gerade passiert?

Schon seit dem Mittag ist unser Flur eine Mischung aus Newsroom und Notfallseelsorge-Zentrum. Die junge Frau, die gestern mit ihrer Familie angekommen ist, läuft rastlos weinend den Flur auf und ab, der Familienvater telefoniert ununterbrochen. Bei den vielen Mitbewohnern und Besuchern, die in unsere Wohnung hineinkommen und wieder gehen, Neuigkeiten bringen, ihre Freunde in den Arm nehmen oder neue Infos bekommen, verliere ich ein bisschen den Überblick. Nach einer Weile kristallisiert sich heraus, was los ist:

Heute Morgen hat ISIS alle Kirchenleiter, die noch in der Stadt waren, zu sich zitiert. Manche haben gesagt, dass sie nicht kommen wollten, und zur Antwort bekommen, dass sie und ihre Gemeindeglieder dann eben gleich umgebracht würden. Es war ja nicht ohne Grund, dass alle Personalien aufgenommen wurden. Also sind sie gekommen und haben im Anschluss an ihre Leute die Nachricht weitergegeben: Sie sollten sofort die Stadt verlassen. Die allermeisten sind also mit ihren Wertsachen und Papieren aus der Stadt geflohen, manche hatten sogar noch Autos, in denen sie aufbrechen konnten. Überall um die Stadt herum waren Kontrollen eingerichtet, an denen man ihnen dann alles abgenommen hat: Geld, Wertsachen, und die Autos sowieso. In

Autos der Rebellen wurden die Leute irgendwo in die Pampa gefahren und dort ausgesetzt; von dort aus haben sie sich zu Fuß zu den christlichen Dörfern im Umland durchgeschlagen. Auch die Eltern und der Bruder unseres neuen Mitbewohners und die Eltern seiner Frau stecken nun in irgendwelchen Dörfern fest.

Sie trauen sich alle kaum zu telefonieren, weil sie die wohl begründete Angst haben, dass ihre Handys abgehört werden und man auch außerhalb des ISIS-Gebiets eigentlich nicht sicher ist. Die Dörfler sind arm und können diese Menschen nicht versorgen. Niemand traut sich im Moment, Güter hinzubringen oder die Leute abzuholen.

Das Haus meiner Mitbewohner hat ISIS vermutlich längst beschlagnahmt; in islamischer Sicht, so habe ich eben gelernt, gilt das als Kriegsbeute, ebenso wie die Wertsachen und Autos. Immerhin leben alle Verwandten dieser Familie, soweit wir bisher herausfinden konnten.

Den Christen in Mossul ist ein Ultimatum gestellt worden: Bis morgen um 12 Uhr können sie die Stadt noch verlassen, danach haben sie nur noch zwei Möglichkeiten: konvertieren oder sterben. Das gilt auch für Christen, die sich zurück in die Stadt wagen. Was in den letzten Tagen noch manche gewagt haben – eben mal schnell nach Mossul fahren, in ihr Haus schlüpfen und vergessene Papiere mitnehmen –, wird nun wohl endgültig unverantwortlich.

Der kleine Rami springt aufgedreht um unsere Füße herum. Die junge Frau umklammert den neuen Teddybären und starrt vor sich hin. Einer der jungen Leute surft im Internet. „Versuchst du Neuigkeiten über Mossul herauszufinden?", frage ich ihn. Sein Bruder schüttelt nur den Kopf. „Ich glaube, für heute haben wir mehr als genug gehört."

Es wäre schön, wenn es morgen zur Abwechslung einmal gute Neuigkeiten gäbe. Wir beten für ein Wunder.

FREITAG, 18. JULI 2014, ABENDS
Wieder stehen neue Leute in unserem Flur, diesmal sind es nur zwei ältere Herren. Der eine ist gerade eben erst in der Stadt angekommen und in unsere Wohnung gekommen, um sich ein-

fach für ein paar Minuten hinzusetzen und ein Glas Wasser zu trinken, der andere ist schon vor einem Monat hergeflüchtet und hat ihn zu uns begleitet. Auch unser Bekannter Kemal ist wieder da und wir stehen zusammen in unserer Küche und tauschen Neuigkeiten aus. „Unten stehen zehn Leute, die meine Eltern gerade bei Leuten aus der Gemeinde unterbringen", sagt der Pastorensohn. „Die sind eben aus Mossul angekommen. Sie haben nichts mehr. Nur die Klamotten, die sie am Leib trugen. Kannst du dir das vorstellen? Selbst die Trauringe hat man ihnen am Kontrollpunkt abgenommen. Ein paar haben etwas Geld in den Schuhen versteckt, haben sie erzählt. Die konnten wenigstens den Bus in eine der Städte bezahlen." Ich denke an den Koffer, den ich mitgebracht habe; 13 Kilo plus Geschenke und Kuschelbären. Es erschien mir so wenig, als ich ihn packte. Diese Leute haben viel weniger. „Unsere Welt kehrt sich gerade um", meint Kemal, der viele der Neuankömmlinge kennt. „Die bis jetzt geblieben sind, das sind die reichen Leute: die, die eigene Häuser bauten oder gerade neu gebaut hatten. Sie hatten mehr zu verlieren und sind deswegen länger geblieben. Und die verlieren jetzt alles. Ich war nie reich, ich konnte leichter alles hinter mir lassen. Und nun habe ich mehr als sie, und plötzlich bin ich der, der ihnen hilft …"

SONNTAG, 20. JULI 2014
Morgenandacht mit den einheimischen Kollegen. Sie lesen jeden Morgen der Reihe nach ein oder zwei Kapitel aus der Bibel und tauschen sich darüber aus. Bis letzte Woche haben sie Hiob gelesen, nun sind wir bei den Psalmen. Wir lesen Psalm 2 und ich linse auch schon in Psalm 3 hinein. Wie krass ist das denn? Für die Umstände, die meine Geschwister in dieser Region als wirklichen Kampf zwischen Licht und Dunkelheit, als Grenzerfahrung zwischen Leben und Tod erleben, gibt es klare Worte. Und es gibt eine Antwort. Die kraftvollen Worte, die David prophetisch spricht, malen eine Zukunft aus, in der die Gerechtigkeit siegt und die Bösen endgültig vernichtet werden. Ich habe in Deutschland diesen Psalm nie so recht emotional fassen können; unser Glaube ist oft so weichgespült und sieht die Dimension kaum noch, in

der es um alles oder nichts geht. „Wohl denen, die bei dir ihre Zuflucht suchen", heißt der letzte Vers in meiner englischen Bibel. Die meisten von uns schnuffeln leise vor sich hin, als wir für unsere Geschwister aus Mossul beten. Selbst für mich, die ich erst vor fünf Tagen hergekommen bin, hat diese Christenverfolgung ein gutes Dutzend Gesichter und Namen und Geschichten.

„In den Weltnachrichten ist die Situation in Mossul abgeschlagen auf Platz drei nach Gaza und dem Absturz des malaysischen Flugzeugs, wenn sie überhaupt vorkommt", seufzt Tayyip, der Chef unserer Partnerorganisation. „Dabei hat es das, was wir hier gerade erleben, seit dem Einfall der Mongolen nicht mehr gegeben: Es gibt keine Christen mehr in Mossul." Er schüttelt traurig den Kopf. Er ist selbst vor zehn Jahren aus Bagdad geflüchtet, weil er als Mitarbeiter einer christlichen Organisation nicht mehr sicher war. „Wir können das nicht stärker in der Welt ins Gespräch bringen", sagt Djamila, seine Frau, „wir sind ja zu nahe dran, als dass man uns ernst nimmt. Aber ihr – berichtet davon, damit die Leute aus Mossul nicht vergessen sind."

Tayyip hat gerade mit einem Freund gesprochen, der vor Kurzem noch sein Haus verkaufen konnte und mit umgerechnet rund 300.000 Euro aus Mossul unterwegs war. Vor ein paar Wochen wäre er damit noch durch die Kontrollen gekommen, gestern hat man ihm das Geld abgeknöpft. „Manche fliehen auch aus entlegeneren Gegenden", berichtet Tayyip. „Sie sind tagelang unterwegs; wir hören von den ersten Säuglingen, die das nicht überleben." Wir planen gemeinsam, wie wir am besten helfen: Die einheimischen Kollegen werden einen LKW voll mit Wasser kaufen und zu den Leuten bringen, die in christlichen Dörfern im Umland von Mossul gestrandet sind. Für uns ist es zu gefährlich, dorthin mitzugehen. Aber wir kommen in Kontakt mit einer einheimischen Zahnärztin, die mehrere der neu angekommenen Familien kennt. „Die brauchen eigentlich alles", sagt sie, als ich frage, wie wir am besten helfen können. „Wir haben sonst ja auch schon Essenspakete an Bedürftige verteilt, aber dass Leute so gar nichts haben, keine Matratzen, keine Zahnbürste, nicht mal einen Topf, das kennen wir so bisher noch nicht."

Eben haben wir Nachricht bekommen, dass unser Container durch den Zoll gekommen ist, er wird heute Abend oder morgen früh hier eintreffen. Mit Kleidern aus Deutschland, mit Waschpulver und Schuhen aus unserem Container und mit hier gekauften Lebensmitteln werden wir hoffentlich die allererste Not lindern helfen können.

MONTAG, 21. JULI 2014, ABENDS

„Sie haben uns alles weggenommen." Diesen Satz haben wir heute in fünf Häusern und immer gleich mehrfach gehört. Es ist der Refrain, der sich durch die Geschichten der Menschen zieht, die am letzten Wochenende aus Mossul geflüchtet sind und an den ISIS-Kontrollpunkten alles abgeben mussten. Nur die Kleider, die sie am Leib trugen, sind ihnen geblieben. Eine Zahnärztin aus unserer Stadt hier hat Kontakt zu 22 dieser Familien und führt uns zu ihnen. Wir haben fürs Erste große Tüten mit Reis gekauft, Öl, Bulgur, Zucker und andere Grundnahrungsmittel, und betreten nun die kleinen, von außen alle gleich aussehenden Häuser einer schnuckeligen neuen Wohnsiedlung. Hier sind Familien zusammengerückt: Manche der Vertriebenen haben das Glück, ein Familienmitglied in Erbil zu haben, bei dem sie unterschlüpfen konnten. Es bedeutet, dass plötzlich 20 bis 30 Leute in Räumen leben, die für fünf oder sechs ausgelegt sind, aber immerhin müssen sie sich um die Miete im Moment keine Sorge machen.

Andere haben solche Häuser zur Miete bezogen und machen sich große Sorgen, wie sie das Geld auftreiben sollen. Ein unmöbliertes Haus kostet rund 600 Euro im Monat (und bedeutet, dass man nicht einmal eine Matratze hat), ein möbliertes mehr als 1000 Euro. Diese Menschen hatten teilweise viel Geld auf der Bank, aber die Konten sind eingefroren worden, und ohne Papiere haben sie erst recht keine Möglichkeit, an ihr Erspartes heranzukommen. Manche der Leute, die wir kennenlernen, sind in einem früheren Leben – das erst Tage her ist, aber ganz verloren scheint – Regierungsangestellte gewesen: Lehrer und Beamte im Finanzbereich, eine Schulleiterin und zwei Universitätsprofessoren sind unter den Leuten, die wir besuchen. Sie machen ihrem Ärger Luft, dass die irakische Regierung ihre Gehälter und Renten nicht weiter auszahlt. „Die haben am Kontrollpunkt unsere Pässe vor unseren Augen vernichtet", sagt eine Schulleiterin Mitte 50 aufgebracht. Im kurdischen Autonomiegebiet mit seiner ganz eigenen Regierung und Infrastruktur ist es schwierig, an neue Papiere zu kommen. „Die können uns nicht in so ein Camp stecken!", weint sie. „Für das Leben dort sind wir doch nicht gemacht."

Diese Leute gehörten zur Elite ihres Landes und sind jetzt Bettler und Hilfesuchende. „Wir schämen uns so", sagt sie, „und wir verstehen nicht, warum die Weltöffentlichkeit nicht reagiert. Warum mischen sich eure Politiker aus der christlichen Welt nicht ein? Wir haben den Eindruck, dass wir vergessen sind. Erzählt unsere Geschichten dort, wo ihr herkommt: in euren Kirchen und bei euren Regierungen. Uns ist so großes Unrecht geschehen."

Wie manche andere, mit denen wir an diesem Tag reden, ist diese Frau in den letzten Jahren schon viermal aus Mossul geflüchtet; diesmal, so spürt sie deutlich, ist es endgültig. Jahrelange Einschüchterungen haben ihre Spuren hinterlassen. Schon vor acht oder neun Jahren, erzählt sie, sind Extremisten nachts in ihr Haus eingedrungen, als ihr Mann auf Geschäftsreise war, und haben die Familie bedroht. „Meine Tochter schlief allein in ihrem Zimmer, und als sie aufwachte, standen plötzlich diese schwarz gekleideten Männer um ihr Bett herum und wollten wissen, wo ihr Vater war. Wir haben vier Töchter und einen Sohn und ich hatte immer solche Angst um meine Kinder." Viele Christen wurden erpresst und sollten Geld zahlen: „Wenn eine Familie nicht zahlte – und manche Leute hatten doch einfach nicht das Geld! –, musste sie immer damit rechnen, dass ihnen ihre Söhne weggenommen und zu Kämpfern gemacht oder dass ihre unverheirateten Töchter den Kämpfern zum Vergnügen gegeben wurden." Sie schauen alle betreten zu Boden und wechseln schnell das Thema; dieses ist offenbar noch schmerzhafter als alle anderen, die wir auch schon unerträglich finden.

Als uns diese Frau ihre Geschichte erzählt und meine Kollegin

Johanna nach ihrem Namen fragt, gibt es eine kleine Unruhe. „War das mit dem Namen falsch? Wir wollen sie ja nicht gefährden", sagt Johanna hinterher zu Rita, der Zahnärztin, die mit uns gekommen ist und für uns übersetzt. Wir fragen normalerweise aus Prinzip nicht nach Namen. „Nein, nein", versichert Rita, „die Frau hat gemeint, sie kann euch genauso gut ihren Namen nennen, sie hat ja nichts mehr zu verlieren."

„Ich fühle mich wie ein Einwanderer im eigenen Land", meint ein anderer Mann Mitte 50. Er hatte sechs Häuser, von denen man ihm eins schon vor einigen Jahren abgenommen hat. Man hat ihn gezwungen es zu verkaufen. „Es war 300 Millionen Dinar wert (etwa 200.000 Euro), aber man hat mir nur 20 Millionen (13.000 Euro) dafür gegeben." Und jetzt, nachdem alle geflüchtet sind, sind auch die anderen Häuser an ISIS gefallen. Selbst wenn die Rebellen besiegt würden und sie theoretisch nach Mossul zurückkönnten, würde seine Familie es nicht wagen, sagt er. Das Maß ist einfach voll. „Ich traue niemandem mehr", meint er. „Schon in den letzten Jahren sind wir schlechter behandelt worden als die muslimische Bevölkerung und konnten uns an niemanden wenden, um Recht zu bekommen. Ich selbst bin einmal entführt und erst gegen 50.000 Dollar freigelassen worden." (Solche Geschichten hören wir übrigens noch öfter an diesem Tag, das jüngste Opfer war zur Zeit der Entführung 17 Jahre alt.) „So viele Leute, die jetzt ISIS unterstützen, waren einmal unsere Nachbarn und Freunde, und zum Schluss haben sie nicht einmal mehr mit uns geredet." Er will mit seiner Familie auswandern. „Meine Familie hat seit Generationen in Mossul gelebt. Aber wir gehen nicht zurück. Sie haben unsere Wurzeln abgeschnitten." Seine Frau nickt: „Wir müssen ja gar nicht mehr reich sein, wenn wir nur irgendwo sicher leben können. Wir brauchen doch nicht viel. Wir hatten so viel und jetzt sind wir schon dankbar, wenn ihr uns eine Tüte Lebensmittel bringt."

Auch die jungen Leute Anfang zwanzig machen sich Gedanken um ihre Zukunft. Manche von ihnen waren gerade in ihrem vierten, im letzten Studienjahr. Eigentlich wären jetzt im Sommer Abschlussprüfungen gewesen, aber selbst wenn sie noch stattgefunden hätten, wären sie wohl kaum mehr irgendwo anerkannt worden. „Ohne Abschluss habe ich ja erst recht keine Chance, im Ausland arbeiten zu können", klagt eine Studentin. „Und ob wir im Irak noch mal weiterstudieren können – wer weiß das schon." Im Moment versuchen alle irgendeine Arbeit zu finden; Kurdistan hat extra eine Webseite mit Jobangeboten eingerichtet und bietet Bewerbertrainings an. Bisher war das nie nötig, man rief einfach einen Onkel, einen entfernten Cousin oder einen Studienfreund des Großvaters an und fand irgendeine Arbeit.

„Das Schlimmste ist für uns die Ungewissheit", meint der Vater dieser Studentin, ein Chemieprofessor, der in England studiert hat und entsprechend fließend Englisch spricht. „Wenn wir wüssten, dass wir drei Monate hier sind oder meinetwegen auch zwei Jahre, dann könnten wir uns irgendwie mit der Situation arrangieren. Aber es ist wie ein Tunnel, bei dem am anderen Ende kein Licht zu sehen ist."

Er würde gerne wieder nach Mossul zurückkehren und hat weniger Bedenken als die anderen Familien, die wir besuchen: „Manche meiner muslimischen Freunde haben mir zugeflüstert, wie sehr sie sich schämen für das, was mit uns passiert." Aber im Moment ist eine Rückkehr für Christen undenkbar. Das Ultimatum steht noch im Raum: Wer bis letzten Samstag Mossul nicht verlassen hat, hatte nur noch die Wahl, zum Islam zu konvertieren „oder zwischen ihm und uns steht nur noch das Schwert", hieß es in einem Flugblatt. In einer größeren Familie frage ich doch einmal nach: „Ist denn eigentlich jemand, den ihr kennt, deswegen konvertiert?" Ich ernte allgemeines Kopfschütteln und laute Verneinungen, eine Mischung aus Heiterkeit und Entrüstung: „Nach all dem, was die uns angetan haben?!" Selbst für Leute, die es mit ihrem christlichen Glauben bisher nicht sehr ernst genommen haben, ist der Übertritt zum Islam keine Option.

Die Bilder, die Johanna schießt, zeigen auf den ersten Blick ganz normale Leute in schönen Häusern, teilweise liegen Smartphones oder Laptops auf dem Tisch. Uns wird mehr Kaffee und Gebäck angeboten, als wir vertragen. Man muss schon genau hinschauen, um die Armut und Verzweiflung dieser Leute zu sehen. Und ihre Scham. Offensichtlich ist ihnen die Diskrepanz zwischen dem Normalen, das man sieht, und dem Elend, das sich dahinter verbirgt, auch bewusst. „Das ist nicht unser Haus", hören wir gleich dreimal, als wir mit Tüten und Reissäcken in ordentlich aufgeräumte Küchen treten.

Das sind Leute, die so viel mehr mit mir gemeinsam haben als die einfachen Leute auf den Dörfern in Haiti oder Kenia, mit denen ich sonst zu tun hatte; wenn überhaupt, stehen sie gesellschaftlich eigentlich über mir. Und hier kämpfen sie um ein Restchen Würde. Da ist das vielleicht zwölfjährige Mädchen im Schlafanzug, das nicht mit seinen Schwestern aufs Foto möchte. Auch ihren Großvater, einen pensionierten Professor, verstecken wir beim Familienfoto in der hinteren Reihe. Er hat nur eine knielange Sweathose und ein schlabberiges T-Shirt an und entschuldigt sich mehrmals, dass er in diesem Aufzug überhaupt Gäste empfängt. Die Leute haben in diesen Häusern Badezimmer, aber nichts Frisches zum Anziehen, wenn sie aus der Dusche kommen.

Vier Stunden, zwei Kaffees und drei Gläser Wasser, drei Bonbons und zwei Stücke Gebäck später trennen wir uns von Zahnärztin Rita. Sie will uns morgen eine Liste mit weiteren Familieninfos zusammenstellen. Vielleicht können wir beim nächsten Besuch gezielter Kleider, Matratzen und Textilien mitbringen. Die Ankunft unseres Containers hat sich doch noch um einige Tage verzögert und wir sind alle ein bisschen mürbe vom Warten und Immer-wieder-vertröstet-Werden.

Jetzt sind wir müde von der Hitze und wie erschlagen von all den Geschichten, die wir gehört haben. Ich glaube nicht, dass ich heute Nacht gut schlafen werde. Aber im Moment möchte ich nirgendwo anders sein als an der Seite dieser Geschwister.

DIENSTAG 22. JULI 2014, ABENDS

Wir sind bei Zahnärztin Rita und ihrer Familie zum Abendessen eingeladen. Wir haben sie bei den Familienbesuchen gestern schätzen gelernt und freuen uns, sie etwas besser kennenzulernen. Ihr Mann ist Ingenieur bei einer internationalen Firma und hat schon in verschiedenen Ländern gelebt. Das macht das Gespräch einfacher und nimmt uns auch die Scheu, kulturell in alle möglichen Fettnäpfchen zu treten. Seit einigen Jahren wohnt die Familie in Erbil. Vor einigen Wochen haben sie Ritas gebrechlichen Schwiegervater aus Mossul zu sich geholt. Er sitzt die ganze Zeit schweigend auf dem Sofa, starrt vor sich hin und kaut an seiner Unterlippe. „Er kommt nicht gut darüber hinweg, was da alles passiert", erklärt Ritas Mann, „er hat ja nicht gedacht, dass er gar nicht mehr zurück kann." Er zeigt uns auch Bilder von Mossul aus den letzten Wochen: das „N" an Hauswänden. Das Flugblatt, mit dem das Ultimatum angekündigt wurde. Polizeiautos mit dem Signet der ISIS. Eine Brücke, unter der ein Transparent hängt: Herzlich willkommen im Staat – wohlgemerkt nicht in der Stadt – der ISIS. „Ich glaube, die Ironie von solchen Transparenten ist denen nicht so recht bewusst", meint Rita lakonisch. „Ach, und guckt mal hier auf dem Bild: das ist das Haus meiner Familie mit dem N für Nasrani, Christen."

Kurz bevor wir gehen, bekommt die Familie noch einen Anruf von Verwandten, die in einem der christlichen Dörfer nördlich von Mossul leben: ISIS-Truppen haben das Dorf überfallen. Es gehört zu den Dörfern, in denen einige der aus Mossul Geflüchteten Zuflucht gesucht haben. Gerade heute haben meine einheimischen Kollegen einen LKW mit Trinkwasser gebracht; zum Glück, so wissen wir, sind sie von ihrem Einsatz schon wieder zurück. Wir verabschieden uns schnell, weil wir ahnen, dass die Familie noch einiges zu besprechen hat und weiter mit den Verwandten telefonieren wird. Rita hat ihnen schon länger nahegelegt, auch nach Erbil zu ziehen, und nun macht sie sich erst recht Sorgen: Die kurdischen Peschmerga scheinen die ISIS-Kämpfer zurückgeschlagen zu haben, aber mehr ist im Moment nicht herauszufinden.

PESCHMERGA: Armee/Miliz Kurdistans, kämpft konsequent gegen den IS und versucht eroberte Gebiete wieder einzunehmen. Wird seit August 2014 auch aus Deutschland mit Waffen unterstützt.

Mittwoch, 23. Juli 2014, morgens

Tayyip, der Chef unserer Partnerorganisation, mischt sich noch vor der Morgenandacht einen Kaffee an. Einer der Mitarbeiter hat frisches Brot und Kichererbsensuppe mitgebracht, und Tayyip nimmt sich dankbar einen Teller davon. „Ich hatte noch kein Frühstück", erklärt er, „hier im Büro ist eine Frau angekommen, die in dem Dorf untergekommen war, das gestern Abend angegriffen wurde. Sie ist die ganze Nacht durchgelaufen." Die ISIS-Leute konnten zwar zurückgetrieben werden, aber vorher hatten sie es noch geschafft, alle Christen nach Mitternacht aufzuschrecken, sie aus den Häusern und aus dem Dorf zu jagen. Sie konnten zwar, als sich die Lage etwas beruhigte, wieder zurückkehren, aber man muss nicht viel Fantasie haben, um zu ahnen, was das mit ihrer Psyche anrichtet. „Die haben inzwischen das Gefühl, nirgendwo mehr sicher zu sein", meint Tayyip in der Morgenandacht, „und sicher werden nach und nach noch viele hier eintrudeln." Zwei Kollegen, die gestern Wasser in dieses Dorf gebracht haben, schluchzen leise. Man fragt sich ja schon, wie vergeblich all unsere Liebesmüh hier ist, wenn der Terror immer näher rückt. Beim Bibellesen sind wir inzwischen bei Psalm 5 angekommen. Es gibt, wie in den letzten Tagen mit Psalm 3 und 4, so wenig theoretisch darüber auszutauschen; im Moment haben wir einfach nur das Bedürfnis, diesen Psalm stellvertretend für die Geschwister zu beten, die gerade in einer sehr ähnlichen Situation stecken wie David damals.

Mit den Kollegen, die etwas besser Englisch sprechen, kommen wir noch ein bisschen ins Gespräch über die politische Lage. Die Peschmerga ist eigentlich eine Armee, gilt aber offiziell als Miliz, weil Kurdistan nicht anerkannt ist. Ihre Kämpfer sind gut ausgebildet und scheinen im Moment die Einzigen zu sein, die sich der ISIS entgegenzustellen wagen. Die Flüchtlinge aus Mossul haben berichtet, wie nach dem Einzug der ISIS nach und nach alle Staatsgewalt abzog: Die Polizei wurde mit ISIS-Leuten besetzt, die Gerichtsbarkeit von ISIS-Sympathisanten übernommen ... Und sie erinnern sich alle daran, wie das offizielle irakische Militär die Stadt verließ und ISIS das Feld überließ. Christen und andere Minderheiten, die auf der Abschussliste der ISIS standen, haben sich ausgeliefert und von ihrem Staat und ihrer Armee verraten gefühlt. In der kurdischen Autonomieregion fühlen sie sich vergleichsweise sicher. Die Kurden hoffen nun, dass die Aufmerksamkeit der Weltöffentlichkeit sie einen Schritt weiter in Richtung der offiziellen Anerkennung als Kurdenstaat bringt. Wäre das gut? „Keine Ahnung. Es wird eh nicht passieren", zuckt ein Mitarbeiter mit den Schultern. „Kurdistan ist zu klein, die umliegenden Länder sind dagegen und die Region ist einfach zu unruhig." Es ist wirklich bitter: Der Irak ist reicher an Bodenschätzen als Saudi-Arabien, und wenn Frieden wäre, könnten alle Iraker in Wohlstand leben. Aber es ist eben kein Frieden. Wir fragen Tayyip, wie es wohl weitergehen wird und welche Lösung sich die Christen für ihr Land wünschen. Er schüttelt nur den Kopf. „Darauf gibt es keine einfache Antwort. Bei uns scheint immer irgendwer gegen irgendwen zu kämpfen. Wir beten nur, dass in all den Unruhen keine Menschen zu Schaden kommen und dass wir in allen Umständen Menschen ins Reich Gottes führen können."

FREITAG, 25. JULI 2014, NACHMITTAGS

Eigentlich ist heute frei und wir drei vom Team haben uns fest vorgenommen, dass einen Tag lang jeder nur das macht, was er oder sie wirklich gerne machen möchte. Die beiden anderen haben in den vier Wochen, seit sie hier sind, keinen einzigen freien Tag gehabt, und wir sind außerdem ziemlich fertig nach den letzten Tagen, in denen wir mit einigen einheimischen Helfern Kleider sortiert, einen Container halb ausgeräumt, Matratzen und Waschmittel in der Gegend herumgeschleppt und verschiedene „unserer" Familien wiedergesehen haben. Aber es ist schwer, das Tagesgeschehen auszublenden. Neben Johannas und meinem Zimmer ist eine neue Familie von Vertriebenen eingezogen, deren vielleicht dreijähriges Kind fast ununterbrochen schreit. Auch um die Familie, die seit letzter Woche hier wohnt, machen wir uns etwas Sorgen. Die Frau schleicht mit hängenden Schultern durch die Wohnung und schafft es kaum, irgendwem in die Augen zu schauen. Sie ist fast nicht ansprechbar und wir haben den Eindruck, dass das nicht nur an ihren eher dünnen

Englischkenntnissen liegt. Der Mann sitzt meistens auf dem Sofa und scheint regelrecht darauf zu lauern, dass irgendwer von uns aus dem Zimmer kommt und an ihm vorbei zur Küche geht. Er spricht uns immer an: Wie schreibt man dieses oder jenes englische Wort? Haben wir dieses YouTube-Video schon gesehen? Können wir ihm helfen, einen Asylantrag in einem anderen Land zu stellen – egal in welchem? Als ich eben in die Küche ging und meine Wasserflasche auffüllen wollte, saß er wieder da: „An-darea. Ich bin so traurig." Ich glaube nicht, dass Tränen zur Standardausstattung irakischer Männer gehören und sein leises Weinen, bei dem ihm die Tränen über die Wangen liefen, hat mich doch etwas aus der Bahn geworfen. „Es ist gut, wenn du weinen kannst", habe ich hilflos gemeint. Vielleicht spülen die Tränen ein bisschen Trauer weg. Er hatte sich ein Handyvideo von „zu Hause" in Mossul angeschaut: nur ein paar Sekunden Film, in denen der Vierjährige vergnügt in einem Planschbecken auf dem Hausdach quietscht. Als er mir den Film zeigt, kommt sein Sohn auch dazu und fängt an zu jammern. „Er will schwimmen gehen", übersetzt sein Vater und bricht wieder in Tränen aus.

Ich flüchte mich in unser Zimmer. Frei machen ist nicht ganz einfach, wenn man mit traumatisierten Menschen zusammenwohnt.

SAMSTAG, 26. JULI 2014, ABENDS

Längst lässt sich nicht mehr so einfach unterscheiden, wann wir im Dienst sind und an welcher Stelle wir einfach einmal frei haben. Die überwältigende Not um uns herum lässt sich nicht einfach ausblenden, wenn wir eine Pause machen und Kraft schöpfen müssen. Auch Engel machen offenbar keinen Feierabend. Johanna ist heute einem begegnet:

„Es ist schon dunkel, als wir heute mit der Arbeit fertig sind. Zusammen mit einigen einheimischen Freunden fahren wir ein Stück durch die Stadt, wir möchten zu einem libanesischen Restaurant. Als wir an einer Kirche vorbeikommen, stutzen wir: Da sitzt eine Familie vor dem Eingangstor. Vier Taschen haben sie zwischen den Beinen stehen. Aus einer lugt ein Pfannenstiel; die Tasche scheint voller Töpfe und Pfannen zu sein. Wir beschließen anzuhalten und unsere Hilfe anzubieten. Wir wissen ja, dass so viele Familien aus Mossul geflüchtet sind und nun in den Kirchen der Stadt Zuflucht suchen. Diese Familie ist zu neunt: eine Oma, drei Männer und ihre Frauen, einige Kinder. Sie schauen uns misstrauisch zu, als wir aus dem Auto steigen. Sie reden nicht so offen über ihre Situation, wie wir uns das wünschen würden. Nur mühsam bekommen wir heraus, dass sie gerade aus Mossul angekommen sind und nun eine Unterkunft suchen. Sie haben in Erbil weder Freunde noch Verwandte. In der Kirche hier, die ihrer Denomination entspricht, haben sie um Aufnahme gebeten, aber es gab keine freien Plätze.

Wir versuchen unsere einheimischen Kollegen anzurufen und herauszufinden, ob es irgendwo noch freie Räume gibt, aber die Verbindung ist zu schwach und wir können niemanden erreichen. Plötzlich hält neben uns ein großes Auto amerikanischer Bauart und ein großer libanesischer Mann steigt mit einem großen Lächeln aus. Er arbeitet auch für eine internationale Organisation und hat schon vielen Flüchtlingen aus Mossul geholfen. Innerhalb weniger Sekunden hat er der Familie sein eigenes Haus angeboten! Die Großmutter lehnt ab, sie hat Angst und wirkt regelrecht starrköpfig. Der Mann beginnt mit ihr zu verhandeln: Er wird mit seiner Familie zu einem Cousin ziehen und ihnen das ganze Haus überlassen, wenn sie sich dann sicherer fühlen. Aber ihr gefällt der Gedanke immer noch nicht; sie lehnt weiter ab. Erst nach einer halben Stunde guten Zuredens ist die Familie so weit, dass sie ein weiteres Angebot annimmt, wenigstens die nächste Nacht in einem Hotel zu verbringen. Wir fahren mit ihnen zum nächstgelegenen Hotel und der Mann zahlt ihre zwei Zimmer. Er redet noch mit dem Manager und dann geht er. „Macht euch keine Sorgen um sie", verspricht er uns, „ich werde mich weiter um sie kümmern." Und damit verschwindet der große libanesische Engel mit dem großen Lächeln wieder aus unserem Leben.

Ich habe Tränen in den Augen, als ich ihm nachsehe. Er hat gerade eine Familie buchstäblich von der Straße geholt. Gottes Liebe ist so groß und er gebraucht seine Leute auf so erstaunliche Weise."[9]

9 Aufgeschrieben von Johanna Mägila am 26.07.2014.

MITTWOCH, 30. JULI 2014

In den letzten Tagen hatten wir vor allem mit den Flüchtlingen in einem der Camps zu tun, für die wir ursprünglich hergekommen waren: Es braucht Zeit, viele Absprachen und Planung, um eine Verteilung von Hilfsgütern zu organisieren, und wir sind dankbar für das Dutzend einheimischer Mitstreiter, das diesen Einsatz möglich macht. Wenn wir für eine kleine Pause oder abends nach all dem Planen und vielen ermüdenden Begegnungen in „unsere" Wohnung kommen, ist das Sofa neuerdings mit zwei neuen Familien besetzt. Eine ältere Frau, die offenbar etwas inkontinent ist, aber im Moment weder Wechselkleider noch irgendwelche Einlagen besitzt, sitzt meistens dort, daneben drei ältere Herren in den traditionellen langen orientalischen Gewändern. Ab und zu huschen zwei junge Frauen durch den Flur, dazwischen springen zwei Kinder im Grundschulalter herum – die Zusammensetzung unserer WG ändert sich ständig, und es hat etwas Skurriles, mit völlig fremden Leuten aus einer völlig fremden und uns kaum begreiflichen Kultur auf so engem Raum zusammenzuleben. Unsere Neuzugänge sind einfache Menschen, keiner von ihnen kann Englisch; eine gemeinsame Bekannte erklärt uns die Grundzüge ihrer Geschichte: Sie sind erst von Mossul in eins der christlichen Dörfer im Umland geflüchtet und dann, als sie sich auch dort nicht mehr sicher fühlten, in unsere Stadt. Bekannte aus ihrem früheren Leben in Mossul organisieren nun das Nötigste und versuchen eine Wohnung für sie zu finden. So sitzen sie einfach den ganzen Tag dort, als warteten sie auf irgendetwas. Wenn wir durch den Flur gehen, folgen sie jeder unserer Bewegungen mit verwundeten, irgendwie hungrigen Blicken. Inzwischen scheinen auch die meisten christlichen Familien in unserer Stadt zu solchen Not-WGs mutiert zu sein. Einer unserer einheimischen Kollegen, der selbst vier kleine Jungs hat, konnte heute Morgen bei der Andacht kaum aus den Augen gucken: Drei Verwandte haben sich mit ihren Familien bei ihm einquartiert, und in der Dreizimmerwohnung sind sie nun sechzehn Leute – davon zehn traumatisierte Menschen, die bis in die Morgenstunden hinein reden und beten möchten, um irgendwie über ihren Schrecken hinwegzukommen. Die Alteingesessenen tragen es alle mit Humor und viel Geduld, aber die Nerven liegen doch langsam blank. Dabei wissen sie, dass alle, die hier bei Familien unterschlüpfen können, es noch gut erwischt haben: Am Rand der Stadt haben wir auch einige Dutzend Flüchtlinge gesehen, die sich im Rohbau eines großen Gebäudes einquartiert haben, das vielleicht einmal ein Parkhaus oder ein Bürogebäude werden soll. In die Fensterhöhlen haben sie Tücher gehängt, sanitäre Anlagen gibt es nicht.

Am kommenden Freitag organisiert unsere Partnerorganisation ein Seminar zum Umgang mit traumatisierten Menschen, zu dem viele der Leute kommen werden, die sich in den letzten Wochen um die Christen aus Mossul bemüht haben. Djamila, die Frau von Tayyip, ist Psychologin. Das Seminar wird auf Arabisch sein, aber wir könnten es eigentlich alle ganz gut brauchen. Das Verrückte ist, dass hier in Erbil Tausende Vertriebener aufschlagen und daneben das Leben seinen gewohnten Gang weitergeht. Von einer Demonstration vor der UN letzte Woche abgesehen, wird die Situation der Christen aus Mossul gar nicht öffentlich wahrgenommen. Die irakischen und kurdischen Medien haben nur in einer Fußnote darüber berichtet und die Bevölkerung lebt ohnehin mit der Bedrohung: Nur 50 oder 70 Kilometer entfernt sterben Kämpfer auf beiden Seiten, wenn ISIS irgendeine medizinische Einrichtung oder ein Dorf überfällt und die Peschmerga sie zurückschlägt.

Was ich in einem der von uns mitbetreuten Flüchtlingslager unter den großteils muslimischen Flüchtlingen aus Syrien und südlicheren Regionen des Irak sehe, nimmt mich noch einmal auf eine andere Weise mit als das, was ich in den letzten Wochen von den Christen mitbekommen habe: Rund 340 Familien, 2200 Menschen existieren dort mitten in der Wüste vor sich hin, in Zelten, in denen man sich tagsüber bei 52 bis 60 Grad nicht aufhalten kann. Schatten gibt es nicht. Ihre müden Gesichter, die von all der Sonne fast blinden Augen mancher Kinder, die dünnen Gestalten, die mit UN-Essenspaketen bei 1800 Kalorien pro Tag am Leben erhalten werden ... (Und sie haben noch Glück; in anderen Gegenden kann nicht einmal dieser Grundbedarf gesichert werden.) Menschenwürdig ist anders. Die schönen neuen Sandalen, die Hygieneartikel und Kindergeschenke, die wir verteilen, zaubern ein Lächeln auf manche Kindergesichter und bewirken ein dankbares Nicken bei ihren Eltern. Aber im Moment gibt es keine Perspektive für diese Menschen. Das Lager wächst; täglich kommen mehrere Familien hinzu.

Bewegend finde ich den Einsatz unserer Helfer: In der letzten Woche haben wir so viele Berichte von Christen gehört, die von muslimischer Seite – und irgendwann differenziert man da wohl auch nicht mehr – Schlimmes erlebt haben. Und ich weiß von einigen unserer jungen Leute, dass sie als frühere Muslime, die jetzt Christen sind, in ständiger Angst leben, aufzufliegen und von muslimischen Freunden und Nachbarn bedroht oder gar umgebracht zu werden. Es sind Realitäten, die ich auch nach der intensiven Zeit hier überhaupt nicht nachempfinden kann. Diese jungen Leute sind nun mit im Flüchtlingslager und opfern ihre Zeit, um muslimischen Flüchtlingen ein bisschen Liebe zu vermitteln. Einer hat eine Nachtarbeit gefunden, aber er hat es sich nicht nehmen lassen, den Tag mit uns zu verbringen. „Mein Herz bricht, wenn ich diese Menschen sehe, die keine Hoffnung haben", sagt ein anderer von ihnen leise zu mir, als wir eine Weile den Strom der Leute an unseren Ausgabestellen beobachten.

Während wir mit den Ehrenamtlichen die Hilfsgüter verteilen, spricht Johanna mit den Menschen im Lager. Eine 40-jährige Witwe erzählt ihr:

„Ich bin vor 35 Tagen aus Mossul geflüchtet und hier im Lager angekommen. Ich bin mit meinen Kindern alleine hier; eins meiner Kinder ist behindert. Vor vier Monaten sind mein Mann und zwei meiner Kinder bei einem Feuer umgekommen. Im Winter haben wir die Heizung angehabt und ich weiß bis heute nicht, was genau passiert ist, aber jedenfalls stand unser Haus plötzlich in Flammen. Ich habe meine halbe Familie, mein Heim und alle Dokumente verloren. Immerhin hatte ich das Glück, auf einem Bauernhof unterzukommen; als Gegenleistung habe ich den Hof gehütet. Mit den beiden Kindern habe ich in einem kleinen Zimmer ohne Elektrizität oder Wasser gelebt. Matratzen, Bettzeug oder Möbel gab es dort nicht. Wir hatten auch kein Geld, aber unsere Nachbarn haben uns mit Essen versorgt. Noch in der Nacht, als ISIS in Mossul einrückte, sind wir aus der Stadt geflohen. Wir sind zwar Muslime, aber eben Schiiten, und müssen deswegen auch um unser Leben fürchten. Wir haben ein Taxi nach Dohuk genommen und sind dann bei Verwandten meines Mannes untergekommen. Ich bin Waise, und deswegen gibt es auf meiner Seite der Familie keine Verwandtschaft. Sie waren die Einzigen, die bereit waren uns zu helfen. Sie haben das Taxi für uns bezahlt und uns ein paar Tage bei sich unterbringen können, aber wir mussten weiter. Ich habe beschlossen, in ein Flüchtlingslager in der Nähe von Dohuk zu ziehen. Wir sind hier 2200 Leute. Wir haben ein Zelt, Matratzen und Decken. Essenspakete und Wasser erhalten wir, aber es reicht nie. Das Essen ist immer schnell alle und das Wasser ist so heiß, dass wir es nicht trinken können. Wir brauchen Eis, um es herunterzukühlen. Jeden Tag bekommen wir ein Stück Eis in der Größe von zwei Ziegelsteinen, aber das schmilzt innerhalb von vier Stunden. Jetzt im Sommer haben wir draußen 55 Grad, und in den Zelten ist es noch wärmer.

Ich habe kein eigenes Geld und hatte eigentlich gehofft, dass ich gestern 100.000 IQD (Irakische Dinar, umgerechnet etwa 640 Euro) von der irakischen Einwanderungsbehörde bekommen würde. Sie hatten zugesagt, dass sie allen IDPs helfen, die aus Mossul geflüchtet sind. Ich habe dieses Geld nicht bekommen, weil meine Dokumente vom Feuer vernichtet worden sind. Die Bürokratie im Irak ist ziemlich verworren. Ich erwarte nicht mehr, dass ich dieses Geld noch bekomme.

Ich erwarte überhaupt keine materielle Hilfe mehr. Ich wünsche mir einfach nur Frieden und einen Ort, an dem ich leben kann. Wenn es doch nur Frieden im Irak gäbe! Das Leben hier im Lager ist elend. Ich würde so gerne nach Hause zurückkehren, damit meine Kinder zur Schule gehen können."

Auch ein 16-jähriger Junge aus Mossul träumt einfach nur davon, mit seiner Familie irgendwo in Frieden leben und vor allem wieder für sich selbst sorgen zu können. Er erzählt, wie er, seine Mutter und seine Geschwister in dieses Camp gekommen sind: „Ich habe die Oberschule aufgegeben, weil ich meinem Vater helfen musste, Geld für die Familie zu verdienen. Er ist Landwirt und ich habe ihm dabei geholfen. Unser Haus lag in Mossul, aber wir mussten jeden Tag zur Arbeit aus der Stadt hinausfahren. Das wurde auf Dauer zu gefährlich. Wir sind Schiiten und mussten deswegen von ISIS das Schlimmste befürchten. Da hat mein Vater mich gebeten, mit meiner Mutter und meinem Bruder nach Dohuk zu gehen. Er ist in Mossul geblieben, hat das Haus bewacht und trotz aller Gefahren weitergearbeitet, um für uns zu sorgen. Wir sind zuerst nach Dohuk gegangen, aber das Leben in der Stadt war zu teuer für uns. Also sind wir in dieses Lager hier im Kurdengebiet, in der Nähe von Dohuk, gezogen. Es ist schon einen Monat her, dass wir hier angekommen sind. Wir hatten eigentlich gehofft, dass wir unseren Vater wiedertreffen würden, aber ISIS hat ihn entführt und gezwungen, auf ihrer Seite zu kämpfen. Er hatte großes Glück, dass er nach drei Tagen freigelassen wurde. Und dann ist er nach Mossul zurückgekehrt, weil er unser Haus weiter beschützen wollte.

Wir versuchen hier zu überleben, aber wir stehen immer noch unter Schock und können uns an das Leben hier kaum gewöhnen. Wir haben jetzt schon Angst vor dem Winter, weil wir auf dem Boden schlafen und das Wetter im Irak sehr extrem ist. Wir sind hier ganz von Gott und von anderen Menschen abhängig. Wir würden so gerne wieder unabhängig sein, für uns selbst sorgen und unser Leben weiterleben." [10]

Im Camp gibt es übrigens auch einige christliche Familien, aber sie kommen nicht zur Verteilung – sie haben es, so erfahren wir, schon zu oft erlebt, dass sie weggedrängt, bedroht oder angegriffen wurden. Wir finden Umwege, um auch diesen Familien die Sachen zu bringen, die ihnen zustehen, aber ein trauriger Nachgeschmack bleibt. Auf dem Rückweg besuchen wir eines der christlichen Dörfer, in das sich seit dem Ultimatum vorletzte Woche Christen geflüchtet haben: Vier Familien, 18 Perso-

---

10 Beide Geschichten aufgeschrieben von Johanna Mägila am 29.07.2014.

nen, haben in einem vielleicht 60 oder 70 Quadratmeter großen Bungalow Zuflucht gefunden. Es gibt zwei Betten, einen Herd ohne Gas, eine Spüle, die nicht angeschlossen ist, eine Handvoll Holzmöbel und Essutensilien und sonst buchstäblich nichts. (Uns wird trotzdem ein Glas Wasser angeboten.) Die meisten schlafen auf dem Betonboden. Wir haben das Haus kaum betreten, als eine ältere, gehbehinderte Frau uns auf Englisch mit dem Satz anspricht: „Sie haben uns alles abgenommen." Jetzt sitzt diese hochgebildete Frau, die mehrere Sprachen spricht, mit einem Laken über den Beinen auf einem Holzstuhl, den sie nicht verlassen kann. Sie erzählt von dem Haus, das sie hinter sich lassen musste, und von den Schikanen am Kontrollpunkt, wo man ihr alles abgenommen hat, auch ihren Rollstuhl. Sie beginnt sofort zu schluchzen. Wir können nicht lange bleiben, die Gegend ist nicht sicher. Wir verabreden nur noch schnell, wer sich wie in den nächsten Tagen um diese Familien kümmern, Lebensmittel, Matratzen und Haushaltswaren bringen wird.

Donnerstag, 31. Juli 2014, abends

Meine Zeit im Irak geht dem Ende entgegen; ich vermute, dass das hier der letzte Beitrag meines Newstickers sein wird, weil wir am Wochenende wieder in einem Flüchtlingslager unterwegs sind und ich kaum zum Schreiben kommen werde. Heute Nachmittag habe ich mit der Hilfe einer Übersetzerin unsere Nachbarn der letzten Woche interviewen können. So viele der kleinen gemeinen Details, die sie erzählten, habe ich inzwischen dutzendmal gehört. So viele traurige Geschichten haben uns alle in den letzten Wochen müde gemacht, sodass ich manchmal dachte, ich mag eigentlich nichts mehr hören. Aber jede dieser Geschichten mit jedem einzelnen gemeinen Detail verdient es eigentlich, gehört zu werden. Was mich ganz neu fasziniert und tröstet, sind die Sätze in den Psalmen, die wir morgens in der gemeinsamen Andacht lesen: Wie leidenschaftlich Gott aufseiten der Unterdrückten steht und wie sein Zorn gegen die Übeltäter entbrennt. Und dass er denen Recht schaffen wird, die sich zu ihm halten. Bei Gott ist keine dieser Geschichten vergessen.

Es sind, wie ich jetzt herausfinde, drei neue Familien, die mit in unserer Wohnung leben: Daria, die alte Dame, und ihr Mann sind die Eltern der zwei jüngeren Frauen vielleicht Mitte dreißig: Eine von ihnen, Mila, lebte mit den Eltern, ihrem Mann und der 17-jährigen Tochter in Mossul. Sie bewohnten zusammen ein großes Haus und betrieben eine Cafeteria auf dem Universitätsgelände von Mossul. Die andere Tochter, Selina, lebte mit ihren zwei Kindern im Grundschulalter in einem Dorf außerhalb von Mossul; ihr Mann ist Techniker für Handys und ähnliche Kleingeräte. Die Familien gehören zur Chaldäisch-Orthodoxen bzw. Armenisch-Orthodoxen Kirche, und schon in den letzten Jahren haben sie sich nicht mehr sicher gefühlt. „Islamistische Terroristen", wie sie alles nennen, was auch schon vor ISIS die Gegend unsicher gemacht hat, sind mehrmals in ihr Haus eingedrungen und haben sie bedroht. Sie erzählen das so nebensächlich, wie ich meinerseits vielleicht berichten würde, dass mir nun schon mehrmals die Sicherung im Wohnzimmer durchgebrannt ist.

Den Pfarrer ihrer Kirche hat man umgebracht.

Es ist schon das vierte Mal, dass sie ihre Häuser verlassen haben und geflüchtet sind; diesmal, so spüren sie, war es anders und hatte etwas Endgültiges. Die letzten Male, 2008, 2010 und 2011, hatten sie selbst die Entscheidung gefällt, dass es zu gefährlich wurde und sie besser gehen sollten. Sie konnten ihre Sachen mitnehmen und sich für einige Monate zu Verwandten flüchten, bis sich die Lage wieder beruhigt hatte und sie in ihre Häuser zurückkehren konnten. (Andere unserer neuen Bekannten haben auch berichtet, wie die Islamisten in ihrer Abwesenheit in ihre Häuser einbrachen und sich dort häuslich einrichteten. Wenn sie zurückkehrten, mussten sie erst einmal Blutspuren und Reste von Verbandszeug entsorgen und ihre Einrichtung war verwüstet.)

In der Nacht zum 18. Juli fielen Bomben auf Mossul. Die Familie bekam es mit der Angst zu tun und beschloss zu flüchten, solange es noch möglich war. Am 18. Juli um 9 Uhr, an dem Tag, an dem später das Ultimatum für Christen verkündet wurde, verließen sie ihr Haus zum letzten Mal. Ein Cousin, der kurz vor ihnen geflüchtet war, rief von einer ihnen unbekannten Nummer aus an: Sie hatten ihm am Kontrollpunkt sein Handy und viele Wertsachen abgenommen und so musste er sich für seinen Anruf ein anderes Handy borgen. Aber sein Auto war ihm geblieben. „Am besten versteckt ihr das, was ihr an Wertvollem mitnehmen wollt, irgendwie im Auto", riet er der Familie. Und das taten sie.

„Wir haben beschlossen, dass wir unsere Enkelin, die Tochter von Mila, bei meinem Mann und mir im Auto mitnehmen", erzählt Daria. „Sie ist ja erst siebzehn. Ich bin eine alte Frau; in unserer Kultur sollten die Leute mich respektieren, und wir dachten, dass ich sie besser beschützen kann, als wenn sie bei ihren Eltern bleibt." Aber es gibt keinen Respekt am Kontrollpunkt, weder für die alte Dame noch für irgendjemand anderen.

„Sie haben uns befohlen auszusteigen", erzählt Mila, „und sie haben uns durchsucht. Alle Wertsachen haben sie uns weggenommen, sogar meine Brille und meinen Ehering." Seit ihrer Flucht kann Mila nur unklar sehen; es erklärt, warum sie immer ein bisschen verwirrt dreinschaut. Erst jetzt, nach fast zwei Wochen, kann sie zu einem Augenarzt gehen. „Ja, uns haben sie auch aus dem Auto gescheucht", schluchzt Daria. „Ich habe zu ihnen gesagt: ‚Ich bin doch eine alte Frau und mein Mann hat Rückenprobleme. Wir können nicht so einfach aussteigen.' Aber der eine Mann hatte ein Gewehr und das hat er auf uns gerichtet. Wir haben uns also aus dem Auto gequält. Sie haben uns angeschrien: ‚Wo ist euer Gold?' Ich hatte solche Angst, dass ich ihnen einfach meine Tasche in die Hand gedrückt habe. Aber dann haben sie mir auch mein Gebiss abgenommen. Seit vorletzter Woche habe ich deswegen im Oberkiefer keine Vorderzähne mehr. Sie haben mir auch mein Blutdruckmessgerät abgenommen und unsere Haustürschlüssel. Ich hatte auch einen Rosenkranz dabei, den sie mir weggenommen haben, und ein Bild von Jesus. Das hat mir einer der Männer aus der Hand gerissen. Er hat es auf den Boden geworfen und zertreten. Er hat mich angeschrien und beschimpft. Dann haben sie mir auch noch befohlen, die Schuhe dazulassen. ‚Aber das geht doch nicht', habe ich gebettelt, ‚der Boden ist zu heiß und ich kann ohne meine Schuhe doch nicht laufen.' Aber sie haben einfach nur auf uns eingebrüllt. Mein Mann hat sie angefleht: ‚Ihr sagt doch, dass Mohammed ein guter Mann war. Um seines Namens willen – behandelt uns doch bitte nicht so.' Aber sie haben ihn einfach ignoriert. Sie waren so grausam. Meine Enkelin hat nach ihrem Papa geweint. Wir haben alle geweint, aber sie hatten kein Mitleid."

„Ich hatte solche Angst", sagt Mila, die ja im anderen Auto saß. „Ich hatte solche Angst, dass sie meine Tochter verschleppen. Sie haben uns dann befohlen, in eins von ihren Autos zu steigen, und wir haben gesagt: ‚Aber was wird denn aus unserem Auto?' Sie haben uns nur angeschrien: ‚Hört auf, dumme Fragen zu stellen, und steigt hier ein.' Wir haben in dem Moment wirklich gedacht, dass sie uns irgendwohin fahren, wo sie uns umbringen. Aber sie haben uns einfach außerhalb von Mossul ausgesetzt."

Die beiden Familien fanden wieder zusammen und schlugen sich zu Fuß und per Anhalter zu dem Dorf durch, in dem Selina, die andere Tochter, lebte. Es ist übrigens eines der Dörfer, das meine Kollegen mit einer Wagenladung Trinkwasser versorgten, weil Wasser und Elektrizität dort fehlten.

Sie waren erst drei Tage dort, als ISIS eine Fabrik für medizinische Geräte bei diesem Dorf angriff. Ihre Bomben fielen die ganze Nacht hindurch und der Familie wurde bewusst, dass sie auch hier nicht sicher war. Mitten in der Nacht flüchteten sie aus Selinas Haus und nahmen sie und ihre vierköpfige Familie gleich mit. Nachts um eins kamen sie an einem kurdischen Kontrollpunkt an, wurden aber zu dieser Zeit nicht mehr durchgelassen. „Zurückzugehen kam für meine Mutter nicht infrage", sagt Mila. „Wir haben da am Straßenrand unsere Matratzen und Sachen auf den Boden gelegt und ein paar Stunden geschlafen. Um fünf Uhr morgens haben sie uns dann durchgelassen." Einige Nächte lang kam die Familie in der chaldäischen Kirche in unserer Stadt unter, dann mussten sie dort weg. Die Gemeinde, zu der „unsere" Wohnung gehört, hat ihnen erlaubt, eine Woche bei uns zu wohnen. Wir kaufen für die Familien mit ein, haben ihnen einige Kleider und Schuhe aus unserem Container mitgebracht und hoffen mit ihnen, dass sie bald eine dauerhafte Bleibe finden. Ihre Woche bei uns läuft eigentlich morgen aus, aber wir haben noch nicht gehört, dass sie etwas anderes gefunden haben – zumindest etwas, das sie auch bezahlen können. Wie stellen sie sich ihre Zukunft vor, frage ich sie zum Schluss. Würden sie gerne zurück nach Mossul gehen?

„Wenn ISIS ausgeschaltet wird und wir unser Haus zurückbekommen, werden wir es wohl verkaufen und irgendwo anders hinziehen", sagt Daria resigniert. „Aber im Moment haben wir das Gefühl, dass wir nirgendwo ganz sicher sind."

Während ich diese Geschichte niederschreibe, habe ich einen Anruf bekommen: Bei Rita, „unserer" Zahnärztin, sind 15 weitere Familien aufgeschlagen, die nun auch aus einem der Dörfer hergekommen sind. Wir haben noch schnell ein paar Matratzen für sie organisiert und uns dann zum Abendessen mit Yassin ein paar syrische Pizzas geteilt. Yassin ist Mitte zwanzig und so eine Art Hausmeister in unserer Wohnung. Er ist selbst vor einigen Jahren aus Bagdad hergeflüchtet, bevor die Armee ihn einziehen konnte, und er hat offenbar auch zu viel Schlimmes erlebt, als dass er psychisch ganz gesund wäre. „Guckt ihr auch das hier", meint er beiläufig in seinem gebrochenen Englisch. „Ist Video von ISIS, so wie Promo-Video" – und er spielt ein professionell gedrehtes Video aus dem Internet ab, in dem, untermalt von feierlicher Musik, einige Dutzend gefangen genommene irakische Soldaten gezeigt werden, wie sie von vermummten Gestalten abgeführt und einer nach dem anderen erschossen werden. „Ist ganz neu auf YouTube." Ich schaue zu spät weg; ich habe zu spät geschaltet, um was es da geht. Es gibt keinen Grund, an der Authentizität solcher Videos zu zweifeln, die man sich hier unter Freunden gemeinschaftlich beim Abendessen anschaut.

Kann man sich an so viel Gewalt eigentlich gewöhnen?

Ich bin froh, dass ich gerade in den letzten Wochen hier sein konnte. Aber ich glaube, ich bin auch froh, wenn ich am Sonntag nach Hause komme.

WIE LANGE NOCH?

Das ist tatsächlich mein letzter Tagebucheintrag vom Irak aus. Das Wochenende wird unruhig, weil wir wieder in einem großen Lager Hilfsgüter verteilen. Es ist ein Lager syrischer Flüchtlinge, das schon seit einem Jahr besteht. Die Geschichte einer syrischen Familie mit vier Töchtern und vier Söhnen, der wir dort begegnen, steht für so viele:

„Wir sind vor elf Monaten aus Syrien hierher geflüchtet, weil es in unserem Heimatdorf zu gefährlich wurde. Die kurdische Regierung hat uns mit einem Bus hierher bringen lassen. In Syrien hatte mein Mann selbst einen Kleinbus und hat sein Geld damit verdient, allerhand Materialien durchs Land zu fahren. Ich war mit den acht Kindern zu Hause. Im Moment kann nur eins der Kinder zur Schule gehen, weil es im Lager eine Grundschule gibt. Die anderen Kinder sind älter und bleiben zu Hause, weil es hier drinnen keine weiterführende Schule gibt. Es gibt zwar Schulen in der Umgebung, aber die öffentlichen kurdischen Schulen nehmen keine syrischen Flüchtlinge auf.

Unser Leben hier im Lager ist sehr eintönig. Wir sind die meiste Zeit in unserem kleinen Zelt, bereiten Essen zu, trinken Tee und schauen im Fernsehen syrische Programme an. Meistens haben wir Elektrizität, aber vier Stunden jeden Tag ist der Strom abgeschaltet. Mein Mann erlaubt den Kindern nicht, sich mit anderen Leuten anzufreunden, weil wir niemandem trauen, den wir nicht kennen. Unsere Mädchen haben in diesem Jahr das Zelt kaum verlassen, weil wir uns zu viele Sorgen um sie machen.

Seit wir hier sind, hat sich im Lager nicht viel verändert. Es gibt einige Leute, die im Wohncontainer leben, und andere in Zelten. Jeden Monat verspricht die Lagerleitung weitere Wohncontainer für Familien wie unsere, aber das sind nur leere Versprechungen. Es gibt Lager, in denen jede Familie zusätzlich zum Essen 31 Dollar im Monat bekommt, aber bei uns ist das nicht so. Wir bekommen nur, was das World Food Programme uns einmal im Monat bringt. Jede Person bekommt einen kleinen Karton mit Grundnahrungsmitteln: Reis, Linsen, Tomaten-paste, Öl, Salz, Tee und Zucker. Aber das Essen reicht nie bis zur nächsten Lieferung. Manchmal findet mein Mann außerhalb des Lagers Arbeit für einen Tag, dann können wir Gemüse und mehr Wasser kaufen. Aber das kommt nicht sehr oft vor. Wir würden so gerne wieder Eier, Joghurt oder Brot essen und Milch trinken, wie es der syrischen Küche entspricht. Die heißen Sommer und kalten Winter machen uns Angst. Letzten Winter hat ein starker Wind 60 Zelte zerstört. Da sind die Leute bei ihren Nachbarn mit in die Zelte gezogen. Wir haben alle im Winter wenig geschlafen, weil es zu kalt war. Unsere Matratzen liegen ja direkt auf dem Boden. Wenn die schweren Regenfälle kommen, steht das Wasser in unseren Zelten, und unsere Matratzen sind ganz durchweicht. Und im Sommer ist es heiß – diesen Sommer hatten wir durchgehend rund 60 Grad. Es sind einige Klimageräte ins Lager geliefert worden, aber an kühlem Trinkwasser und Waschwasser mangelt es oft. Gelegentlich bekommen wir Eis, um das Wasser zum Trinken zu kühlen, aber es gibt nicht viele Hilfsorganisationen, denen das ein Anliegen ist. Wir sind dankbar für das Waschpulver und die Seife, die GAiN uns mitgebracht hat. Jetzt brauchen wir nur ausreichend Wasser, um sie auch benutzen zu können ...“[11]

Am Wochenende reist auch Uli an, der von mir die Leitung des GAiN-Teams übernimmt; mit Abschieden, Absprachen und der Übergabe an meinen Nachfolger ist die knappe verbleibende Zeit schnell gefüllt. Erst in Deutschland komme ich wieder dazu, den vielen Freunden, die während meines Einsatzes für mich gebetet haben, zu melden, dass ich sicher gelandet bin.

„Ich bin wieder zu Hause“, schreibe ich am 5. August in einer E-Mail. „Mit ein bisschen Verspätung, aber immerhin. Am Samstag waren wir den ganzen Tag unterwegs, um in einem syrischen Flüchtlingslager Hilfsgüter zu verteilen: 1000 Paar funkelnagelneuer Deichmann-Sandalen Größe 25 bis 30, Seife und Spülmittel für 760 Familien, das alles bei 47 Grad im Schatten. Wir haben zum Glück erst abends mitbekommen, dass es der bis dahin heißeste Tag des Jahres war, sonst hätten wir bestimmt

---

11 Aufgeschrieben von Johanna Mägila am 02.08.2014.

noch mehr geschwitzt. Kurz vor der Abfahrt habe ich noch eine E-Mail bekommen, dass mein Flug am Sonntag ersatzlos gestrichen wurde, weil einige Fluglinien aus Sicherheitsgründen nicht mehr über den irakischen Luftraum fliegen – und eben auch nicht mehr IN den Irak. Die Gießener GAiN-Zentrale hat mir dann für Montagnacht einen Flug mit einer anderen Linie organisieren können, sodass ich einen halben Tag länger bleiben konnte. Und der war noch mal ein schöner Abschluss: Sonntagabend ist immer der Gottesdienst der arabischen Gemeinde in dem Haus, in dem wir auch gewohnt haben. Die Predigt ging über 2. Korinther 4,7 bis 5,11. Der Pfarrer war sehr deutlich und meinte selbst, dass er diese Predigt so vor zwei Monaten wohl auch nicht gehalten hätte: Worum geht es im Leben eigentlich und worauf richten wir uns aus? Was bleibt denn, wenn menschlich gesehen nichts mehr bleibt? Wo gehören wir wirklich hin? Der letzte Punkt war: ‚Bereite dich vor, deinem Gott zu begegnen‘ (und lebe entsprechend). Starker Tobak für Leute, die gerade tatsächlich alles verloren haben und um das Leben ihrer Lieben fürchten: Gerade an dem Tag hatte ISIS neue Gebiete um Mossul herum erobert und 16 Peschmerga-Kämpfer waren umgekommen. Und gleichzeitig so real und tröstlich. Die Menschen, mit denen ich in den letzten Wochen das Leben ein Stück weit teilen durfte, erleben viel deutlicher, was ich zu Hause leicht verdrängen kann: Dieses Leben und alles, was wir haben und ja auch genießen dürfen, ist endlich und nur vorläufig. Ich möchte mein Leben an dem ausrichten, was wirklich zählt.

Es war mir eine Ehre, mit diesen gejagten, geschundenen und doch so treuen Geschwistern Abendmahl feiern zu dürfen. Und ich habe an die zwei Menschenmengen in Offenbarung 6 und 7 denken müssen. Die erste, die Märtyrermenge, die ruft: Wie lange noch? Wann werden wir endlich gerächt? (Und genau das habe ich in den letzten Wochen so oft empfunden und manchmal mit ihnen und an ihrer Stelle gebetet.) Und die zweite, die große Menschenmenge, die bei Gott angekommen ist und ihn ewig lobt. Ich hoffe sehr, dass ich manche meiner neuen Freunde auch in diesem Leben noch einmal sehe, aber ich freue mich noch mehr, dass ich eines Tages mit ihnen in dieser Menge vor

Gott stehen darf. ‚Sie kommen aus Verfolgung, Leid und Bedrängnis. (...) Sie werden nie wieder Hunger oder Durst leiden; keine Sonnenglut oder sonst etwas wird sie jemals wieder quälen. Denn das Lamm, das vor dem Thron steht, wird ihr Hirte sein. Er wird sie zu den Quellen führen, aus denen das Wasser des Lebens entspringt. Und Gott wird ihnen alle Tränen abwischen!' (Offb. 7,14bff.).

Es waren intensive drei Wochen, vielleicht die intensivsten meines bisherigen Lebens (das ja nicht gerade arm war an intensiven Erfahrungen!), und ich versuche mich in den nächsten Tagen erst einmal zu sortieren. Ich bin so dankbar für all eure Gebete in den letzten Wochen; sie sind vermutlich der Grund dafür, dass ich gesund und weitestgehend fröhlich geblieben bin. Was auch immer ich den Geschwistern dort an Segen weitergeben konnte – ihr hattet alle einen Anteil daran. Danke!

Seid gesegnet. Betet weiter für die Christen im Irak und auch für unser Team dort.

Und bleibt dankbar für den Frieden und Wohlstand, den wir hier genießen.

die Andrea"

DER IS VOR DEN TOREN

„Wenn der Herr nicht für uns gewesen wäre,
als die Völker sich gegen uns erhoben,
dann hätten sie uns lebendig verschlungen,
so groß war ihr Hass auf uns.
Wasser hätte uns überflutet,
ein reißender Strom hätte uns fortgespült.
Die tobenden Fluten hätten uns überwältigt.
Gelobt sei der Herr, der nicht zuließ,
dass sie uns mit ihren Zähnen zerrissen!
Wir sind entkommen
wie ein Vogel aus dem Netz des Jägers.
Das Netz ist zerrissen und wir sind frei!
Unsere Hilfe kommt vom Herrn,
der Himmel und Erde gemacht hat."
Psalm 124 (Neues Leben)

Diesen Psalm haben wir in meinem letzten Gottesdienst gemeinsam gebetet. Er trifft die Situation unserer irakischen Freunde so genau: Sie werden gejagt und bedroht. Und doch leben sie, und das ist alles andere als selbstverständlich angesichts eines Gegners, der sich mit all seiner Grausamkeit in der ganzen Welt geradezu brüstet. Gottes Bewahrung empfinden sie sehr greifbar als großes Wunder. In den Gottesdiensten fließen in diesen Wochen viele Tränen. Manchmal fassen wir uns einfach nur in kleinen Grüppchen an den Händen und weinen miteinander. Es ist so gut, dass es Psalmen und Lieder gibt, die die Erfahrungen und Empfindungen dieser Geschwister widerspiegeln, wenn uns die Worte längst ausgegangen sind.

Noch während ich einen Tag später meine Ich-bin-wieder-zu-Hause-Mail an meine Freunde schicke, verschärft sich die Situation erneut: Der IS nimmt Karakosch, die christliche Stadt in der Nähe von Mossul, ein, in die sich nach dem Ultimatum viele der Christen geflüchtet hatten. Tausende von Menschen lassen überstürzt alles zurück, was ihr Leben jahrzehntelang ausgemacht hat, und ziehen in einem langen Treck teils mit Autos, häufiger aber zu Fuß weiter in die Städte der kurdischen Autonomieregion. Mit einer Handvoll Gepäck schlagen viel mehr erschöpfte und traumatisierte Menschen auch in Erbil auf, als die Stadt fassen kann. Sie kampieren in Zelten am Straßenrand und in Stadtparks, fin-

KARAKOSCH: ca. 30 km südöstlich von Mossul. Ca. 50.000 Einwohner (Stand vor IS-Ausbreitung), davon 98 % Christen. Tausende Flüchtlinge aus Mossul kommen dort unter, bis die Stadt am 6. August 2014 an den IS fällt. Die Bewohner Karakoschs und die gerade erst angekommenen Flüchtlinge ziehen in einem langen Zug, großteils zu Fuß, weiter in die vergleichsweise sicheren Städte Kurdistans.

den Unterschlupf in Schulen und Gemeindehäusern, quartieren sich schließlich sogar in Rohbauten ein, in denen es noch keine Fenster oder Sanitäranlagen gibt. Manche leben tagelang auf der Straße, ohne Zelt, ohne Decken, ohne Matratzen.

Einige Tage lang ist unklar, ob es dem IS gelingen wird, den Staudamm bei Mossul zu sprengen, der schon seit einigen Tagen umkämpft ist, und damit eine ganze Region unter Wasser zu setzen. Es kommt nicht dazu; die Soldaten der Peschmerga halten die Stellung und sichern die Front, die streckenweise nur wenige Kilometer von den größeren Städten und ihren Flüchtlingslagern entfernt ist. Häufige Straßensperren der kurdischen Miliz machen es zeitweise unmöglich, sich außerhalb der Städte zu bewegen, und gleichzeitig kann man für jede dieser Straßensperren dankbar sein. Die Angst ist berechtigt, dass sich mit den Flüchtlingen auch Dschihadisten in die bisher sicheren Gebiete einschmuggeln. Und in der Tat sorgen Flugblätter, die in der Stadt auftauchen, in diesen Tagen für Angst unter den bisherigen Bewohnern und den Neuzugängen. „Wir kommen!", lässt der IS in diesen Flugblättern verkünden und droht mit 1000 Selbstmordattentätern in Erbil, Schläfern, die sich angeblich jederzeit aktivieren lassen. Wenn die Vertriebenen nicht so erschöpft vom vielen Fliehen und die Einheimischen nicht so beschäftigt mit dem vielen Helfen wären, würde aus der Angst sicher eine Panik werden, aber zum totalen Chaos kommt es nicht.

Unser Team verlässt das Stadtgebiet von Erbil einige Tage lang kaum noch, um die Lager in anderen Städten mit Hilfsgütern zu beliefern, aber es gibt mit all den provisorischen Flüchtlingslagern in der Stadt auch so mehr als genug zu tun. Kirchen und christliche Organisationen helfen, wo sie können, und bieten auf ihrem Gelände vielen Hilfesuchenden Schutz. Gleichzeitig ist ihnen bewusst, dass sie selbst vermutlich die ersten Angriffsziele sein werden, wenn der IS die Front durchbricht. Das Büro unserer Partnerorganisation, das wir auch mitbenutzen, bleibt einige Tage lang geschlossen. Wertsachen und Unterlagen, die dem IS nicht in die Hände fallen dürfen, werden weggeschafft. Die Kollegen bleiben zu Hause. Das große Kreuz an der Hausfassade wird vorsorglich abgenommen. Einzelne Mitarbeiter, die besonders gefährdet sind oder Verwandte im Ausland haben, setzen sich in die Türkei oder nach Jordanien ab. In täglichen Sicherheitstreffen werden aktuelle Fluchtwege diskutiert. Die Lage ändert sich ständig, Flugpläne werden stündlich umgeworfen, weil der kleine Flughafen von Erbil für Waffen- und Hilfslieferungen aus dem Ausland stundenlang gesperrt wird. Die Botschaften der Länder, zu denen unsere Teammitglieder gehören, geben widersprüchliche Ratschläge.

Bleiben oder gehen? Der GAIN-Zentrale in Deutschland, den Teammitgliedern und den irakischen Kollegen fällt die Entscheidung nicht leicht. Tayyip gibt schließlich zu bedenken, dass das Team besser das Land verlässt, solange es noch mit dem Flugzeug möglich ist. Wenn es zum Schlimmsten kommt und seine Leute durch die Berge in ein Nachbarland flüchten müssen, ist eine Gruppe ortsunkundiger Ausländer nur hinderlich. Wenn Gott gnädig ist und sich die Lage wieder beruhigt, kann das Team ja zurückkommen und die Arbeit wieder aufnehmen.

Schließlich fällt die GAiN-Leitung in Deutschland die Entscheidung, das Team zu evakuieren. Die drei verbliebenen Mitarbeiter ergattern verschiedene Flüge zu sehr verschiedenen Zeiten und trudeln nach und nach erschöpft für ihre Auswertungsgespräche in unserer Gießener Zentrale ein.

Nach knapp zwei Wochen reist ein GAiN-Team in leicht veränderter Zusammensetzung wieder nach Erbil und macht mit frischer Energie da weiter, wo das vorige Team aufgehört hat. Noch immer leben viele Menschen auf der Straße und ohne Grundversorgung. Mein Kollege Rick beschreibt, wie die Krise viel Schlimmes, aber auch viel Gutes in den Menschen zutage fördert:

„Wenn man durch Erbil läuft, findet man kaum einen Platz, an dem keine Flüchtlinge sind. Es sieht so aus, als hätten sie sich wie eine Decke über die ganze Stadt gebreitet. Sie haben sich in Parks niedergelassen, in öffentlichen Gebäuden, in Schulen und sogar in Rohbauten, von denen es in der Kurdenregion sehr viele gibt. All diese improvisierten Lager strengen sich an, nicht als das ‚schlimmste Camp im Irak' bekannt zu werden. Mir würde es auch schwerfallen, das schlimmste zu benennen. Die Situation in jedem Lager, das ich betrat, schien schlimmer zu sein als im Lager vorher. Es fehlt an so ziemlich allem: Essen, Wasser, Kleidung und Decken. In einem Lager mussten sich mehr als 1000 Leute eine Handvoll Toiletten und Duschen teilen. Wegen der mangelnden Hygiene rechnen wir jeden Moment damit, dass Krankheiten und Seuchen ausbrechen. Die Ratten wähnen sich jetzt schon im Paradies.

Heute habe ich mit einem Mann gesprochen, der Yunus heißt. Er ist 36 und hatte früher einen kleinen Supermarkt in einer anderen Stadt. Daneben arbeitete er als Dolmetscher. Auf mich wirkte er viel jünger. Das kommt daher, hat er mir erklärt, dass er sein Leben lang so glücklich war. Sein Leben lang, das heißt in diesem Fall: bis vor ein paar Wochen. Vor ein paar Wochen flüchtete er, weil seine Stadt von ISIS angegriffen wurde. Er nahm seine ganze Familie, ein Dutzend Leute, mit. Unterwegs verlor er alles, was er besaß: Am ISIS-Kontrollpunkt hat man ihm beide Autos, die Klamotten, das Geld und den Pass abgenommen. Sein Haus und sein Supermarkt wurden geplündert. Im Lager hat er eine Weile mit dem Gedanken gespielt, sich umzubringen, aber sein Glaube hat ihn davon abgehalten.

Das ist nur eine einzige Geschichte in einem sehr dicken Buch. Aber durch den Dreck, durch die Traurigkeit und alle Verzweiflung scheint immer auch die Sonne. Das Schöne an dieser Krise ist, dass sie das Beste in Menschen zum Vorschein bringt. So viele der Leute, die schon vorher hier gelebt haben, setzen alles daran, den Flüchtlingen das Leben etwas erträglicher zu machen. Und dann ist da zum Beispiel ein Ägypter, der ganz alleine nach Erbil gekommen ist, weil er sich von Gott gerufen sah, jeden Tag 1000 Eier zu kochen. Jeden Morgen kocht er also 1000 Eier, steckt sie zurück in die Kartons und zieht dann mit den Eiern los zu den Flüchtlingen. Ein Ei am Tag ist gerade genug zum Überleben, und so ist dieser Mann schnell für viele zum Helden geworden. Dieser Mann ist Moslem und er dient den Christen. Leute wie er helfen mir, den Glauben an die Menschheit nicht ganz zu verlieren."[12]

Seit die Amerikaner einzelne Bomben auf IS-Stellungen geworfen haben und gemeinsam mit der Peschmerga die Jesiden auf dem Sindschargebirge aus den Händen des IS zu befreien versuchen, hat sich die Front nicht weiter ins Kurdengebiet hinein verschoben. Es ist vergleichsweise sicher.

Mitte August gelingt es der kurdischen Miliz dann, einen Korridor nach Syrien freizukämpfen, wodurch den eingeschlossenen Jesiden eine Flucht aus dem Gebirge möglich ist. Die meisten Jesiden kommen in syrischen Flüchtlingslagern unter, etliche ziehen aber auch nach Kurdistan weiter. Anfang September begegnet mein Kollege Rick bei einer Hilfsgüterverteilung einigen von ihnen. Er berichtet:

JESIDEN: vor-christliche, nicht monotheistische Religion (und deshalb von radikalen Muslimen als „Teufelsanbeter" diffamiert), der bis zur Ausbreitung des Islam alle Kurden angehörten. Vermutlich über 5000 jesidische Frauen und Mädchen wurden verschleppt und auf Sklavenmärkten verkauft.

„Gestern haben wir einer Gruppe von Jesiden Hilfsgüter vorbeigebracht, die auf dem Sindschar-Gebirge festgesessen haben. Als ISIS ihre Dörfer und Städte angriff, flüchteten sie alle ins Gebirge. Wochenlang haben sie dort ums Überleben kämpfen müssen. Ihnen blieben nur zwei Möglichkeiten: Sie konnten

---

12 Aufgeschrieben von Rick Plantinga am 24.08.2014.

86

auf dem Gebirge ohne Wasser und Essen auszuhalten versuchen. Sie konnten über den Berg zu klettern versuchen, wenn sie jung und stark genug waren. Oder sie konnten vom Berg flüchten und sich von ISIS-Kämpfern abschlachten lassen, die das ganze Gebirge umstellt hatten. Es dauerte viel zu lange und kostete viel zu viele Menschenleben, bis die Peschmerga und die US-Armee sie befreien konnten.

Was die Menschen erlebt haben, ist herzzerreißend und übersteigt die grausamsten Albträume. Dieser Krieg kann doch nicht das islamische Traumland bringen, wo jeder glücklich unter dem Gesetz der Scharia lebt? Dieser Krieg – das ist der Elfjährige, dessen ganze Familie auf dem Gebirge umgekommen ist. Dieser Krieg – das ist die Mutter, die uns zwei Pässe entgegenstreckt; das Einzige, das ihr von den beiden Kindern geblieben ist. Dieser Krieg – das ist eine Mutter mit sieben Kindern, die sich nun ohne ihren Ehemann, Vater und Versorger durchschlagen müssen. Er ist auf dem Sindschar getötet worden.

Ich würde mir so wünschen, dass ich mir solche Geschichten nur ausdenken würde und die Realität nicht ganz so schlimm ist. Aber diese Menschen stammen nicht aus einem Schauerroman; wir sind ihnen wirklich begegnet. Das Einzige, was wir für sie tun können, ist, ihnen materiell zu helfen, ihr Leid durch die Hilfsgüter etwas zu mildern und ihnen ein paar ermutigende Worte zuzusprechen. Aber welchen Trost kann man für einen Elfjährigen finden, dessen Vater, Mutter, Brüder und Schwestern abgeschlachtet worden sind?

Manchmal ist es wohl besser, nichts zu sagen."[13]

Gemeinsam mit den Kollegen vor Ort üben meine Nachfolger weiter ein, wie die Absprachen über Hilfslieferungen aus Deutschland und dem Rest der Welt am besten funktionieren, wie man die Ware am besten lagert, für die Verteilung vorbereitet und möglichst geordnet und effektiv verteilt. Die Stadtverwaltung stellt das Gelände für eine schlichte Halle zur Verfügung. Sie wird aus mehreren Containern gebaut: Je zwei mal zwei Warencontainer mit Zugängen in der Mitte und Treppen nach oben

---

13 Aufgeschrieben von Rick Plantinga am 07.09.2014.

bilden die Seiten links und rechts, darüber wird ein einfaches Metalldach angebracht. Die Rückseite besteht aus Büro- und Sanitärcontainern und die freie Fläche zwischen all diesen Containern ist groß genug, um LKWs zu entladen. Hier kann man Waren leichter sortieren und zwischenlagern, und für Lebensmittel wie Babynahrung, die unter der extremen Hitze über lange Zeiträume verderben würden, gibt es hier vergleichsweise kühle Lagermöglichkeiten.

Die Not ist so groß, dass nicht allen ausreichend geholfen werden kann. Mein Kollege Rick hat eine Familie getroffen, die Hilfe besonders nötig hatte:

„Vor einigen Tagen haben wir in einem der größeren Lager Babynahrung verteilt. Das Lager war völlig überfüllt und so gab es auch einige Zelte außerhalb des Zauns. Hier wohnten die Leute, die drinnen keinen Platz mehr gefunden hatten. Wir liefen bei diesen Zelten herum und mir fiel eines auf, in dem nur eine Matratze lag. Mit der Frau darin kam ich ins Gespräch. ‚Mein Mann kämpft in der kurdischen Armee‘, erzählte mir die Frau. ‚Deswegen bin ich mit meinen sechs Kindern hierher gekommen. Wenn eine Hilfsorganisation kommt und Hilfsgüter bringt, nehmen sich die Männer das meiste schon weg, denn sie sind stärker. Weil ich alleine hier bin, bekomme ich gar nichts. Während der letzten Woche haben meine Kinder und ich zusammen auf dieser Matratze gelegen.‘ Als wir am nächsten Tag zu dieser Frau zurückkamen, saßen ihre Kinder vor dem Zelt. Sie brauchten eine Weile, um zu begreifen, dass wir wirklich ihretwegen gekommen waren, aber dann begannen ihre Augen zu leuchten und sie rannten zu ihrer Mutter ins Zelt: ‚Maaaaaamaaaaa!‘ Sie war ganz schnell draußen und hatte plötzlich auch so ein breites Lächeln im Gesicht. Wir gaben ihr genug Matratzen und Kissen für sich und die Kinder, unterhielten uns noch eine Weile und fuhren wieder ab. Ich glaube, wir haben genauso breit gelächelt.

Das ist nur eine von so vielen Geschichten, die wir hier erleben, aber sie erklärt gut, worauf es ankommt. Wir haben nicht die Mittel, die Masse zu versorgen. Aber wir können Einzelnen helfen, die sonst übergangen werden. Diesen Familien, die mit fünfzig Personen in einem Rohbau außerhalb von Erbil leben. Und dieser Frau, die zu schwach war, um die Hilfe der großen Organisationen in Anspruch zu nehmen. Und wenn ich es recht bedenke, machen diese vielen Personen auch schon wieder eine ganz schöne Masse aus.«[14]

Eine Frage, die von den Flüchtlingen bei den Hilfsgüterverteilungen immer wieder gestellt wird, ist die nach der Emigration ins Ausland. Kurdistan ist mit seiner eigenen Sprache und Infrastruktur – und mit seiner Toleranz verschiedener Glaubensrichtungen! – für viele schon wie Ausland, aber sie beginnen darüber nachzudenken, ganz in die USA oder nach Europa auszuwandern. »Mit ist es egal, wo wir landen, solange es kein arabisches Land mehr ist«, schreibt mir unsere Zahnärztin Rita, die in diesen Tagen mit ihrer Familie nach Jordanien zieht und dort auf eine Ausreisegenehmigung wartet, auf Facebook. (Bei Drucklegung dieses Buches, eineinhalb Jahre später, wartet sie dort übrigens immer noch.)

Bleiben oder gehen? Was für uns als GAiN-Team eine kurzfristige logistische Frage war, ist für die Christen im Nordirak eine existenzielle – für sie selbst und für das Christentum in der Region, und das ganz langfristig. »Unter uns Pfarrern und christlichen Leitern sind heiße Debatten darüber entbrannt, ob die Christen einfach so gehen dürfen«, erzählt uns Tayyip einige Wochen später. »Manche Pastoren haben sogar in ihren Predigten gesagt, dass Christen sich versündigen, wenn sie ins Ausland flüchten. ›Wer soll denn sonst in unserem Land das Licht unseres Glaubens hochhalten?‹, argumentieren sie. Und es ist ja wirklich zutiefst tragisch, wenn diese Lampe einfach erlischt. Es wird dort immer dunkler, wo wir nicht mehr sind. Aber einige von uns, darunter auch ich, haben diesen Kollegen sehr vehement widersprochen. Wir dürfen unseren Mitarbeitern und Gemeindegliedern nicht eine solch schwere Last auferlegen. Ich rate unseren Leuten vielmehr, diese Frage aufrichtig vor Gott im Gebet zu prüfen und eine solche Entscheidung nicht aus reiner

---

14 Aufgeschrieben von Rick Plantinga am 03.09.2014.

Angst oder Bitterkeit zu treffen." Tayyip seufzt. „Ich würde, rein persönlich gesprochen, meine Leute auch lieber hierbehalten. In den letzten Jahren habe ich viel in einige Menschen investiert, die hervorragende Mitarbeiter in unserem Dienst geworden sind. Nun sind sie Hals über Kopf ausgereist und ich weiß noch nicht, wer in ihre Arbeit einsteigen kann und wie lange es dauern wird, neue Leute anzulernen. Was mich ein bisschen tröstet, ist, dass sie das, was sie bei uns gelernt haben, mit in ihre neuen Länder nehmen. Was uns als Christen ausmacht, wie man die Grundlagen des Glaubens vermitteln und junge Christen zum Wachstum im Glauben anleiten kann – das werden sie überall einsetzen können."

Kurioserweise gibt es auch Menschen, die ausgerechnet in dieser Zeit in den Irak bzw. in die Kurdenregion zurückziehen. Einen von ihnen, Farid, stellen wir im Oktober ein, als wir die Arbeit, die unser Team angestoßen hat, in einheimische Hände übergeben. Er wird mit Tayyip und den verbleibenden Mitarbeitern die humanitäre Hilfe weiterführen.

Zur Übergabe reist die deutsche GAiN-Leitung in den Irak und ich kann mit dabei sein. In dieser Zeit entsteht der zweite Teil meiner Irak-Notizen.

IRAK-NOTIZEN II

DONNERSTAG, 2. OKTOBER 2014

Die Kollegen vom GAiN-Katastrophenteam, zu dem ich bei meinem letzten Aufenthalt ja auch gehört habe, haben dank vieler Spenden auch aus Deutschland das „100-Familien-Programm" gestartet, das nun von einheimischen Verantwortlichen weitergeführt wird: Wir werden auch weiterhin Hilfsgüter in Camps und größere Siedlungen bringen und punktuell helfen, wo es sich ergibt. Aber darüber hinaus haben wir hundert Familien „adoptiert", für deren Versorgung wir in den nächsten sechs Monaten die Verantwortung übernehmen: Wir kaufen vor Ort Lebensmittel und Hygieneartikel, bringen Matratzen und bei Bedarf auch das eine oder andere Küchengerät. Die meisten dieser Familien wohnen in Häusern. Das ist an sich wünschenswert, führt aber dazu, dass sie von den großen Hilfsorganisationen nicht betreut werden. In den Camps kann man mehr Menschen mit weniger Aufwand versorgen, und so hören wir von Leuten, die aus den Häusern, in denen sie schon untergekommen waren, ins Flüchtlingslager gezogen sind.

Wo wir hinkommen, sind meistens mehrere Dutzend Menschen zusammen. Im ersten Haus führt mich eine alte hagere Dame zu einer dünnen Matratze im Wohnzimmer. Die Matratzen auf dem Boden sind, von einigen Küchengeräten abgesehen, die einzigen Möbelstücke in dieser notdürftig eingerichteten Wohnung. Die Dame stammt aus einem kleinen Ort in der Nähe von Karakosch, das am 6. August eingenommen wurde. „Wir waren in der Kirche", erzählt sie. „Wir haben einfach Gottesdienst gefeiert. Da kam jemand, der uns erzählte, dass der IS Karakosch eingenommen hatte. Wir sind einfach losgelaufen, ohne noch einmal in unsere Häuser zurückzugehen, nur mit dem, was wir dabeihatten. Wir sind so schnell gelaufen, wie wir konnten, und dann kam zum Glück ein Auto, das uns mitgenommen hat." An ihre Sachen wird die Familie nicht mehr herankommen – Nachbarn haben erzählt, dass der IS ihr Haus leer geräumt hat.

Einer der Söhne war selbst erst kurz vorher aus Mossul nach Karakosch geflüchtet. Als Techniker in einem Krankenhaus hatte er ein gutes Einkommen gehabt. „Es ist schwierig, hier Arbeit zu finden", sagt er, „wenn man kein Kurdisch kann, hat man wenig Chancen." Würde er zurückgehen, wenn sich die Lage beruhigt?, fragen wir ihn. Er schaut uns resigniert an: „Wenn ihr zweimal geflohen wärt – würdet ihr dann zurückgehen?"

Im nächsten Haus waren meine Kollegen schon mehrmals, um Hilfsgüter zu bringen. „Außer euch hat uns noch nie jemand besucht", sagen die Bewohner. Hier leben sieben Familien, die alle miteinander verwandt und verschwägert sind, vier Generationen von Christen. Wie bei so vielen anderen, die wir treffen, hat das Leid nicht erst in den letzten Monaten angefangen: Einer der Männer der mittleren Generation war von 1982 an als irakischer Kriegsgefangener im Iran. Nicht einmal Rotes Kreuz und Roter Halbmond bekamen Zugang zu den Häftlingen, er durfte nicht lesen, weder Papier noch Stift besitzen und erfuhr auch nicht, wie lange er gefangen sein würde. Es wurden 20 Jahre. Von den 1600 Häftlingen, die mit ihm zusammen gefangen genommen worden waren, kamen in dieser Zeit 416 um. Zu seiner Familie konnte er keinen Kontakt halten, und als er 2002 nach Mossul zurückkehrte, waren sein Sohn und die Tochter, die 1982 noch ein Baby gewesen war, verheiratet. Er kehrte in seinen Beruf als Lehrer zurück, leitete schließlich eine Oberschule, baute eine private Bibliothek mit 15.000 Büchern auf, darunter viele alte, wertvolle Ausgaben.

2006 brachte Al-Qaida viele Christen in Mossul um und die Familie flüchtete nach Karakosch. „Die Bücher haben wir damals zurücklassen müssen", seufzt seine Frau. „Es gab schon damals keine Umzugsfirma, die all diese Bücher aus Mossul herausschaffen wollte. Und jetzt können wir sie wohl endgültig aufgeben …"

Als der IS am 6. August Bomben auf Karakosch warf, kamen drei Leute in ihrer Stadt um. Eine Bombe fiel zwischen die Häuser von zweien der Brüder; die Großfamilie flüchtete. Das jüngste Familienmitglied, die kleine Stella, war zu diesem Zeitpunkt gerade 15 Tage alt. Einer der Brüder besaß ein gut gehendes Geschäft, das er zurücklassen musste; inzwischen hat der IS es leer geräumt.

Im Hintergrund läuft im Fernsehen ein christlicher Kanal mit einer Nachrichtensendung. Andere Flüchtlinge aus Karakosch sind hier zu sehen, die noch über Erbil hinaus geflüchtet sind und nun im Nordosten der kurdischen Autonomieregion in Schulen und Gemeinderäumen Unterschlupf suchen. In Erbil sind solche „Luxusunterkünfte" kaum noch zu finden; viele Flüchtlinge haben hier nur noch ein Zelt in einem Innenstadt-Lager oder eine Ecke in einem Rohbau ergattern können. „Wir kennen ganz viele von den Leuten dort in den Nachrichten", erzählt die Familie, „das waren ja unsere Nachbarn und Freunde. Es ist gut zu sehen, dass sie alle in Sicherheit sind."

Einer der Söhne, Mitte zwanzig, lebt sein Leben in der Warteschleife: Seit einem Jahr und zwei Monaten ist er verlobt – in dieser Kultur ungewöhnlich lange – und hatte eigentlich vor einigen Monaten heiraten wollen. Die Flucht vor dem IS hat ihm und seiner jungen Verlobten einen Strich durch die Rechnung gemacht. „Er hatte schon alles gekauft, was er brauchte für sein eigenes Haus", erzählt seine Mutter. Jetzt ist alles weg. Wann die Hochzeit stattfindet, ist unklar. „Ich möchte erst heiraten, wenn die Situation von Karakosch geklärt ist", beharrt der Bräutigam. Aber es ist überhaupt nicht abzusehen, wann das sein wird, werfen wir ein. Er zuckt mit den Schultern; über einen Alternativplan hat er sich noch keine Gedanken gemacht. Es wirkt fast so, als wollte er sich gar nicht erst vorstellen, dass es kein Zurück gibt und es das Leben, auf das er hingearbeitet hat, nicht geben wird.

Es ist erstaunlich, zu sehen, wie viel Freundlichkeit und Ruhe die Familie in dieser Situation trotz allem ausstrahlt. „Gott hat mir im Iran die Kraft zum Überleben gegeben", sagt der Familienvater, der in Gefangenschaft war, und seine Frau ergänzt: „Und er wird uns jetzt auch die Kraft geben."

Wir fahren weiter zu einer kleinen kurdischen Kirche, in der sieben chaldäische Familien untergekommen sind. Für die Kinder haben wir eine große Tasche mit selbst gehäkelten Teddys dabei, die Begeisterung auslösen. Eigentlich wollen wir nur unsere Lebensmittel- und Hygienepakete abliefern, aber die Mütter zerren Claudia und mich zu einer kleinen Hausführung durch ihre Unterkunft. Im Kirchenschiff sind die Kirchenbänke so umgestellt worden, dass sie kleine Abteile von vielleicht drei mal drei Metern bilden. „Das ist unser Haus", scherzt Saida, eine der jungen Mütter, „und hier nebenan wohnt mein Bruder mit seiner Familie!" Einige der Kinder schlafen auf Kirchenbänken, die man aneinandergeschoben hat. Privatsphäre gibt es für die vier Familien hier oben nicht und auch nicht für die drei im Kellerraum. Immerhin gehören zur Kirche eine kleine Toilettenanlage und eine Küche, sodass alle kochen, sich und ihre Wäsche waschen können. Sie haben sich offenbar recht gut arrangiert; die vielen Kinder spielen alle miteinander und die Erwachsenen versuchen ihre Situation mit Humor zu meistern.

Der letzte Neuzugang in dieser Gruppe ist ein Mittfünfziger, der erst vor drei Tagen angekommen ist. Er hat nahe der Grenze zu Kurdistan gelebt und hatte es bisher nicht für nötig gehalten zu flüchten. Diese Woche sind IS-Kämpfer in seiner Fabrik aufgetaucht und haben alle Angestellten nach Hause geschickt. Dass sie ihm bei der Gelegenheit sein Auto abgenommen haben – einen Mercedes, der noch 30.000 Dollar wert war –, scheint ihn im Moment am meisten zu wurmen. Vielleicht ist es aber auch erträglicher, um ein Auto zu trauern als um ein ganzes Leben, das er hinter sich lässt. „Mercedes Benz ist ein gutes Auto", schwärmt er. „Die Deutschen machen gute Autos, gute Qualität. Ich würde am liebsten nach Deutschland auswandern." – „Aber ihr Deutschen seid dumm", fällt sein Sohn ein, „ihr lasst so viele Muslime in eurem Land leben. Wir hören, dass man als Muslim leichter nach Europa kommt als als Christ. Das ist verrückt. Ihr seht doch, was passiert, wenn die stark werden!" Wir diskutieren normalerweise nicht über Politik; es bringt nichts, und es ist wichtig, diese traumatisierten Leute mit ihrer Erfahrung und Einschätzung einfach einmal stehen zu lassen. Aber diesmal sage ich doch etwas: „Viele von ihnen kommen ja auch, weil sie verfolgt werden wie ihr. Jesus hat doch auch Muslime lieb. Viele von ihnen suchen Gott ganz ehrlich, und wenn sie zu uns kommen, können wir ihnen von Jesus erzählen." (Ich sage nicht dazu, wie wenig wir – sehr zu unserer Schande – von dieser Möglichkeit Gebrauch machen.) „Pah!", spuckt er aus, „das bringt doch nichts. Sie haben ein hartes Herz." Wir sprechen von etwas anderem. Er muss nicht mehr erklären, dass er auf Muslime insgesamt nicht gut zu sprechen ist. Umso erstaunlicher finde ich, wie oft ich von so vielen der Christen versöhnliche Töne höre; viele von ihnen beten treu für die muslimischen Nachbarn und Freunde, die sie hinter sich gelassen haben, und immer wieder beten sie auch für die Terroristen des IS.

Die Älteste in dieser Gruppe ist 84 und schleicht um uns herum, als wir mit ihren Kindern und Enkeln reden. Claudia versucht, ihr runzeliges Gesicht auf einem Foto einzufangen, aber sie scheint nicht mehr recht zu verstehen, dass sie in die Kamera und in eine bestimmte Richtung schauen soll. Vielleicht versteht sie auch insgesamt nicht, wo sie überhaupt ist und warum; sie wirkt desorientiert. So viele alte, gebrechliche und verwirrte Menschen haben in diesem Sommer eine traumatische Flucht hinter sich gebracht, anstatt ihren Lebensabend mit ihren Kindern und Enkeln zu genießen. Diese klapprigen, faltigen Omis und Opis sollten alle nicht hier sein, denke ich bedrückt, als wir aufbrechen.

FREITAG, 3. OKTOBER 2014
Es gibt viel Organisatorisches zu klären, aber immerhin schaffen wir es noch, für einige Stunden zu einer Schule in der Nähe zu fahren. Hier sind 40 jesidische Familien untergekommen; es ist noch nicht recht klar, wie lange sie hierbleiben können, denn das Schuljahr hat eigentlich schon wieder begonnen. Wir verteilen Kindersandalen, Decken und Waschmittel und für die Sechs- bis Zwölfjährigen Schulranzen: bei der Schulranzenaktion von GAiN werden ausgediente Ranzen von Familien in Deutschland neu befüllt und dann im Ausland an Kinder verteilt, die kein Schulmaterial und keine Schultasche haben. In Erbil könnten wir jetzt Tausende dieser Ranzen brauchen, denn alle Kinder haben ihr Schulzeug zurücklassen müssen ... Im letzten Container aus Deutschland waren immerhin mehrere Dutzend, sodass es für

diese Kinder reicht. Wann sie wieder Unterricht haben werden, weiß keiner. Unsere Partnerorganisation sucht in den Camps und größeren Notunterkünften nach Lehrern und versucht sie mit den Kindern zusammenzubringen, sodass wenigstens ein wenig informeller Unterricht stattfinden kann. Aber was wird wohl aus Kindern wie der intelligenten zwölfjährigen Manel, die laut Aussagen ihrer stolzen Mama immer die Klassenbeste war und mich auch gleich auf Englisch begrüßt? Als wir dem lustigen Clownprogramm zuschauen, das eine Kirchengemeinde aus dem Stadtteil für die Kinder veranstaltet, ist mir mehr zum Weinen zumute.

Samstag, 4. Oktober 2014

In den letzten Tagen haben wir Familien besucht, die in Häusern oder doch wenigstens Gebäuden untergekommen sind, heute gehen wir in ein echtes „Camp" am Stadtrand Erbils. Auf einem Sportplatz mit einem Freibad, aus dem man das Wasser herausgelassen hat, leben rund 1000 Menschen in primitiven Zelten: Auf der vielleicht zweieinhalb mal dreieinhalb Meter großen Grundfläche schlafen fünf, manchmal auch acht Personen, darüber ist in Dreiecksform eine Zeltleinwand gespannt. Einen Boden haben viele dieser Zelte nicht; wenn es regnet und der Boden schlammig wird, helfen die ausgelegten Pappdeckel und Kartons nur begrenzt.

Wir wissen, dass die meisten der Menschen hier auch aus der Umgebung von Karakosch gekommen sind, und möchten gerne hören, was sie erlebt haben und wie sie im Camp zurechtkommen. Mit unserem Übersetzer verabrede ich, dass wir einfach mit den Familien reden, die uns als Erste in ihr Zelt einladen. Wenigstens mit zwei Frauen und ihren Familien können wir uns so ausführlicher und in Ruhe unterhalten.

In „unserem" ersten Zelt sitzt eine weinende Frau um die vierzig mit einem fest in Tücher eingewickelten Säugling im Arm. Der Kleine ist zwei Monate alt und sieht krank aus. „Er ist der Sohn meiner Cousine, ich passe nur gerade auf ihn auf", erklärt sie. „Ich glaube nicht, dass er krank ist, er ist einfach nur schlapp und erschöpft. Das Leben hier ist für so kleine Babys schwierig:

Viele irakische Christen tragen Kreuze und machen auch am Rückspiegel ihres Autos deutlich, dass sie Christen sind. An kurdischen Kontrollposten wird man als Christ leicht durchgewunken: „Ihr seid harmlos!" Es ist unfassbar, dass das gleiche Bekenntnis einen wenige Kilometer entfernt das Leben kosten kann.

Sommer 2014: Tausende von Menschen flüchten sich in kleine und größere Camps überall in der kurdischen Autonomieregion.

Ein Jahr später sind aus vielen Zeltdörfern Containersiedlungen geworden. Das Leben von Familien, die früher eigene Häuser besaßen, ist nun auf einen Raum beschränkt; Sanitäranlagen und Gemeinschaftsräume werden von allen genutzt.

Im 100-Familien-Programm im Raum Erbil versorgen wir auch Familien, die in Häusern und Privatunterkünften jenseits der großen Camps untergekommen sind, mit Lebensmitteln, Hygiene- und Alltagsartikeln. Dank großzügiger Spenden auch aus Deutschland sind es inzwischen längst 500 Familien.

Zehntausende von stabilen Kindersandalen haben wir in den Nordirak schicken können. Die meisten wurden von Hand „angepasst", wie hier von GAiN-Leiter Klaus Dewald bei einer Hilfsgüterverteilung unter jesidischen Flüchtlingen.

Als der IS kam, bereitete die Familie dieser Frau gerade die Hochzeit eines Sohnes vor. Ihr Mann lag nach der Flucht aus Karakosch eines Morgens tot im Baderaum. Die Braut ihres Sohnes ist am gleichen Tag ins Ausland geflüchtet. „Mein Sohn hat an einem Tag die beiden Menschen verloren, die ihm am meisten bedeuten", sagt sie.

Solche schlichten Zelte teilen sich noch im Herbst 2014 ganze Familien; bei acht oder sogar noch mehr Menschen finden innerhalb des Zeltes nicht alle zum Schlafen Platz. Wenn es regnet und der Boden schlammig wird, bieten die Pappdeckel keinen Schutz.

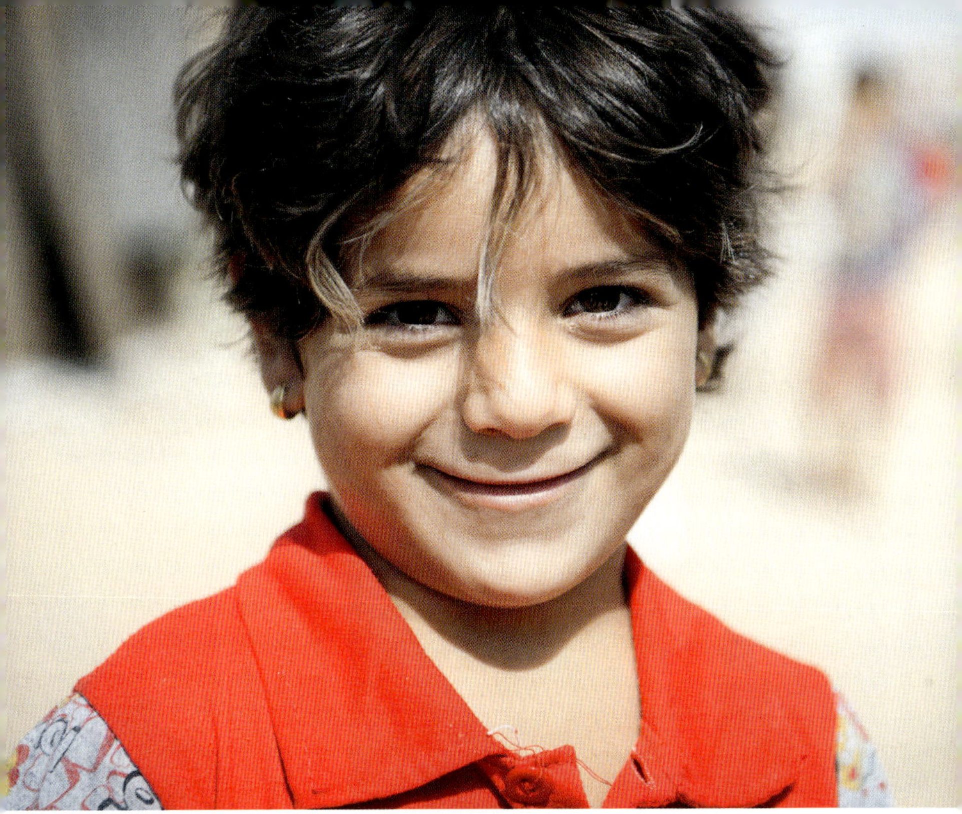

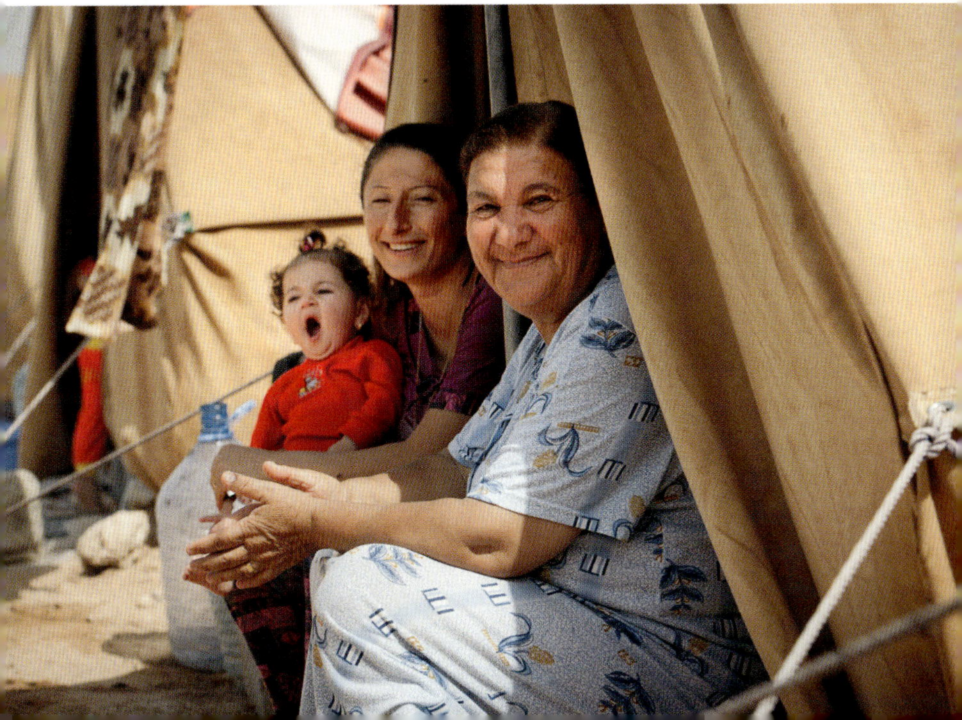

Nawals Familie hat sich im Camp eingelebt. „Ich bin hier sicher und meine Familie ist sicher. Das ist das Wichtigste. Ich habe Frieden im Herzen", sagt sie. Ins Ausland möchte die Familie nicht. „Der Irak ist doch das Paradies! Es wäre so gut, wenn wir mit allen Religionen in Frieden zusammenleben könnten."

Mit seiner Familie hat dieser jesidische Soldat im Sommer 2014 eine Woche auf dem Sindschar festgesessen, bis sie befreit und schließlich in ein Camp gebracht werden konnten. „Ich würde gerne weiter gegen den IS kämpfen", sagt er, „aber uns fehlt schon das Geld für den Transport zur Front."

Das „vertikale Dorf"
ist ein Hotel-Rohbau,
in den Container ge-
schoben wurden. 170
Familien wohnen hier,
etwa 700 Menschen.

Familienleben auf 18
Quadratmetern: Der
Chefredakteur einer
in drei Sprachen er-
scheinenden Zeitung
wohnt mit seiner Frau
und den vier Kindern
in einem Container
im vertikalen Dorf.

Hilfsgüterausgabe im vertikalen Dorf. „Inzwischen haben sich die meisten mit den Zuständen arrangiert", meint unser einheimischer Kollege. „An der Situation hat sich im letzten Jahr nichts geändert. Wer weiß, vielleicht leben sie auch in zehn Jahren noch hier."

Sehnsuchtsort Deutschland: Viele Flüchtlinge wünschen sich, dass ihre Kinder in Europa aufwachsen können. „Deutschland ist ein christliches Land", sagen sie. „Dort sind wir sicher."

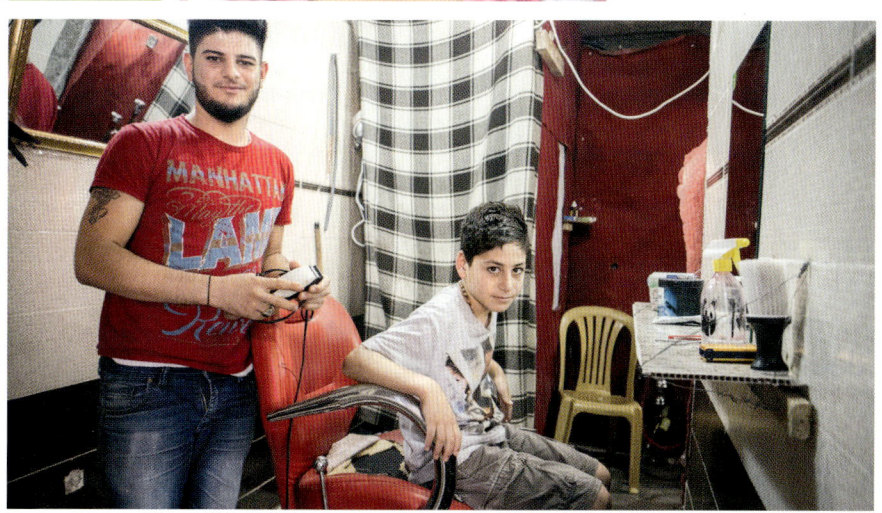

Der kleine Julian ist vor einem Jahr, kurz nach der Flucht der Familie, geboren; heute bringen wir Babynahrung, Windeln und Schulranzen vorbei. Es ist schön, einzelne Familien länger begleiten und ein bisschen besser kennenlernen zu können. So können wir unserem „Covergirl" einen Kalender überreichen.

Im Oktober 2014 lernen wir diesen alten Herrn kennen, der sich mit einigen Familienangehörigen zwei Monate lang in seinem eigenen Haus vor dem IS versteckt hatte. Die Sippe lebt nun in einem Schuppen hinter einem bekannten Restaurant in Erbil. Der Besitzer hat ihnen einen Sanitärcontainer in den Hof gestellt und beschäftigt einen der Männer; so hat die Familie auch etwas Geld zur Verfügung.

Um die vielen Hilfsgüter gut sortieren und vorübergehend lagern zu können, hat unser Katastrophenhilfe-Team eine einfache Lagerhalle aus Containern und einem Metalldach gebaut.

Campleben. Nach einem Jahr sind aus den provisorischen Lagern Containerdörfer geworden. Planen und Vorzelte erweitern den Wohnraum der Familien ein wenig. „Wir brauchen mehr Platz", ist der Satz, den die Campdirektorin am häufigsten hört.

Viele Alltagstätigkeiten im Camp spielen sich im Freien ab, zum Beispiel das Brotbacken. Wir werden oft von Menschen beschenkt und zum Essen eingeladen, die selbst fast nichts haben.

Der Vater dieses jesidischen Jungen ist schon in Deutschland und hofft die Familie bald nachholen zu können. „Wir Jesiden passen gut nach Deutschland", findet Halim, der Sprecher der Gruppe. „Dort gibt es viele Christen, und Christen sind friedlich."

In diesem Rohbau ohne Sanitäranlagen wohnen seit über einem Jahr 13 jesidische Familien, 77 Personen. „Der Winter war das Schlimmste", sagen sie, „wir haben unsere alten Leute in mehrere Decken gewickelt, aber ihnen ist nie warm geworden."

Auf dem Gelände der Kirche „Mon Elia" ist ein dauerhaftes Lager entstanden. Im „schönsten und saubersten Camp" in Erbil, wie uns ein Helfer dort stolz erzählt, wurden im Sommer ganz plötzlich die Lebensmittellieferungen der UN eingestellt. Wovon die 700 Menschen dort nun leben sollen, ist unklar.

Vater Emanuel Youkhana hat 1993 die einheimische Hilfsorganisation CAPNI gegründet, die auch von deutscher Seite viel Unterstützung erfährt. „Wir folgen einem leidenden Herrn", sagt er, „und können nicht damit rechnen, dass wir anerkannt oder in der Mehrheit sind. Aber wir sind aufgefordert, trotzdem ein Licht zu sein."

Zwei Frauen (nicht ganz) allein im Irak. Meine Kollegin Claudia Dewald und ich haben uns immer sicher gefühlt, nicht zuletzt, weil wir meist von männlichen Kollegen, Fahrern, Übersetzern etc. begleitet wurden. Auch dieses Foto hat ein einheimischer Mitarbeiter gemacht.

Es gibt zu viele Fliegen, wir trinken alle zu wenig und es ist nicht genug Wasser da, um uns oder die Kinder richtig zu baden. Der Kleine war gerade erst zehn Tage alt, als unsere Familie geflüchtet ist; wir sind noch nicht einmal dazu gekommen, seine Taufe zu feiern.

Bis vor Kurzem haben wir in Frieden gelebt, wir hatten ein sehr schönes Leben, auch als Christen haben wir uns sicher gefühlt. Aber der IS ist immer näher gerückt und dann haben wir gesehen, wie die Autos der irakischen Armee abgezogen sind und uns im Stich gelassen haben. Da sind wir auch geflüchtet. Mitnehmen konnten wir nicht viel, nur ein paar Sachen für das Baby. Wir sind um 6 Uhr abends losgegangen und um 1 Uhr nachts in Erbil angekommen. Eine ältere Schwester von mir lebt in der Stadt, und zusammen mit meinen Eltern sind wir alle bei ihr eingezogen. Aber das Haus war auf Dauer zu klein für zweiunddreißig Menschen und es kam keine Organisation vorbei, die uns mit Lebensmitteln ausgeholfen hätte, also sind wir in dieses Camp gekommen.

Das Leben hier ist schwierig. In unserem Zelt leben wir zu neunt; wir passen gar nicht alle hinein, und so schlafen die zwei Männer auf ihren Matratzen hinter dem Zelt. Wir wissen nicht, was wir machen sollen, wenn es regnet oder wenn der Winter kommt. Auch mit dem Essen sind wir sehr unglücklich. Es gibt nur einen Herd, auf dem für alle gekocht wird, und man muss sich in einer langen Reihe anstellen, wenn man sein Essen holt. Nur das Frühstück ist anders: Jeden Morgen wird ein Ei pro Person zu den Zelten gebracht. Manchmal gibt es auch etwas Brot dazu, manchmal aber auch nicht. Wir sind alle so schrecklich, schrecklich müde. Es kann doch nicht sein, dass wir jeden Tag auf ein einzelnes Ei warten! Wir können keine Kleider für das Baby kaufen und auch keine Winterkleider für uns. Was hat denn der Kleine getan, dass er das hier erleben muss?

Zu Hause hatten wir eine Fabrik; die hat der IS wohl nun zerstört. Unser Haus ist auch leer geräumt. Aber das ist mir egal: Ich möchte trotzdem zurück und einfach noch einmal in unserem Haus sitzen. Wo sollen wir denn sonst hin? Und welche Zukunft haben unsere jungen Leute?"

Im nächsten Zelt begrüßt uns eine Frau, die ganz in Schwarz gekleidet ist. Ich würde sie auf Anfang siebzig schätzen, aber im Lauf des Gesprächs stellt sich heraus, dass sie noch keine fünfzig ist. „Leider kann ich euch nur in unser Zelt einladen", sagt sie mit einem traurigen Lächeln. „In Karakosch hatten wir mehrere Häuser. Mein Mann war dreißig Jahre lang Soldat. Wir haben fünf Söhne und zwei Töchter großgezogen. Das Haus, in dem wir gewohnt haben, haben wir ganz alleine gebaut! Ich habe es mit meinen eigenen Händen aufgebaut und wenn mein Mann von der Armee heimkam, hat er auch mitgeholfen. Manchmal war auch eine größere Gruppe von seiner Armee bei uns stationiert, dann habe ich für alle das Brot gebacken. An dem Tag, als der IS unseren Ort angriff, haben wir gerade die Hochzeitsfeier für einen meiner Söhne vorbereitet. Wir wollten Karakosch eigentlich nicht verlassen, aber wir hatten ja keine Wahl. Mein Mann hatte in der letzten Zeit als Taxifahrer gearbeitet. So hatten wir zum Glück ein Auto. Er ist ein paarmal hin und her gefahren, bis wir alle in Sicherheit waren. Aber sein Herz ist gebrochen. Ein paar Tage nachdem wir hier ankamen, haben wir ihn morgens tot im Waschraum gefunden. Wir haben ihn in Ankawa, im christlichen Vorort von Erbil, begraben. Es tut mir weh zu denken, dass er nicht in seiner Heimat begraben werden konnte. Selbst wenn wir eines Tages zurückkönnen, werden wir als Familie nie wieder zusammen sein. Mein Mann war mein Held. Er hat mich sehr geliebt und alles mit mir geteilt. Und nun werde ich nie wieder mit ihm in unserem Wohnzimmer zusammensitzen und mich mit ihm unterhalten.

Am gleichen Tag ist die Verlobte meines Sohns ausgewandert. Sie hat gesagt, dass sie ihm auch ein Visum besorgen und dass er ihr nachreisen könne. Aber er ist bei der Peschmerga, der kurdischen Miliz. Er hat zu ihr gesagt: ‚Ich lasse mein Land nicht im Stich.' Nun ist er wieder an der Front. Er leidet sehr; an einem Tag hat er die beiden Menschen verloren, die ihm am meisten bedeuteten.

Das ist heute 40 Tage her. Mein Mann ist nicht einmal fünfzig geworden. Am gleichen Tag ist dann aber auch mein jüngstes Enkelkind geboren, ein kleines Mädchen. Die Kleine lacht und ist ganz zufrieden. Ihr Vater, mein Sohn, wohnt mit seiner Familie in einem Haus in der Nähe. Er kommt oft mit dem Auto her. Unser Zelt ist undicht, und wenn es regnet, ist es gut, wenn wir das Auto hier haben: Wir setzen uns alle hinein und warten ab, bis der Regen nachlässt. Das war in den letzten Tagen ein paarmal so. Für nachts ist das keine Lösung, aber ich schlafe sowieso sehr wenig: Einmal bin ich wach geworden und habe eine Maus im Zelt gesehen. Ein anderes Mal hat mich eine Biene gestochen. Wir brauchen bald ein festes Dach über dem Kopf!

Es ist ein schweres Leben hier im Camp. Keiner von uns hat Arbeit. Ich würde auch so gerne selber kochen, das Essen hier schmeckt uns nicht. Die Leute geben sich wirklich Mühe, aber die Köche sind Muslime – sie würzen die Sachen anders, als wir Christen es gewohnt sind. Der Pastor hier, der sich um uns kümmert, ist ein guter Mann. Er versucht uns zu helfen, aber es ist viel zu viel für ihn.

Manchmal haben wir das Gefühl, dass wir allen egal sind. Wenn doch wenigstens mein Mann hier wäre! Er würde dafür sorgen, dass sich unsere Situation ändert. Und selbst wenn er nichts ändern könnte – alles wäre leichter zu ertragen, wenn er hier wäre. Mein Mann wäre so traurig, wenn er sehen könnte, wie es uns jetzt geht.

Der IS hat unser Leben zerstört. Ich habe nur noch wenig Grund zur Freude. Es tut mir gut, mein Enkelkind im Arm zu halten. Ich wünsche dem Baby so sehr, dass es in Frieden aufwachsen kann. Und heute war für mich auch ein froher Tag, weil ihr mich besucht habt und ich euch meine Geschichte erzählen konnte."

Unvorstellbar, denke ich, als wir uns verabschieden. Wir haben nur ganz zufällig diese zwei Familien interviewt, und ihre Geschichten waren so erschütternd. Es bedeutet wohl, dass der Großteil dieser tausend Menschen ganz ähnlich Schlimmes erlebt hat.

In den letzten Tagen haben wir wieder viel mit Kemal und seiner Familie zu tun gehabt, die ich schon von meinem ersten Aufenthalt her kenne: Sein Vater Abu-Kemal und seine Mutter Um-Kemal[15] haben über Jahre eine Gemeinde in Mossul geleitet und Kemal hat selbst Theologie studiert und tritt mit seiner Familie in ihre Fußstapfen.

Sie sind schon im Juni nach Erbil gekommen, mehrere Wochen vor dem Ultimatum, das alle Christen aus Mossul vertrieb. Jetzt sind sie Anlaufstelle für Neuankömmlinge und Hilfsgüterverteilstelle für Bedürftige und sie sind mir in den letzten Monaten mit ihrer robusten Frömmigkeit und ihrem unermüdlichen Einsatz sehr ans Herz gewachsen. Wir verabreden uns mit ihnen zu einem etwas längeren Interview, weil wir ahnen, dass sie viel zu erzählen haben. Die Familie hat bis 2002 in Bagdad gelebt und ist dann nach Jordanien gezogen, wo sie einen Antrag auf Ausreise nach Kanada gestellt hat. „Es gab keinen besonderen Anlass zu gehen", meint Um-Kemal trocken, „es war nie sicher für uns, und jeder Zeitpunkt, das Land zu verlassen, war ein guter Zeitpunkt!" Jordanien war als reine Durchgangsstation gedacht, aber die Papiere gingen verloren und die Familie blieb fast sechs Jahre im Land. „Die Beamten haben hinterher gesagt, das war ein Zufall, aber bei Gott gibt es keinen Zufall", ist sich Um-Kemal sicher. „Wir haben viel Zeit mit Leuten verbracht und sie im Glauben angeleitet, und wir Eltern und auch die Kinder haben viel Zeit gehabt, die Bibel zu studieren. Es war eine sehr gut ausgefüllte Zeit, aber die Leute haben sich ja doch immer gewundert, warum wir immer noch da waren. Tja, und dann kamen unsere Visa und Gott hat gesagt: ‚Nein, ihr sollt zurück in den Irak.' Wir haben das sehr deutlich empfunden – wir waren selbst überrascht. Wir haben gefragt: ‚Was denn – zurück nach Bagdad?!' Und er hat gesagt: ‚Nein, nach Mossul.' Ich sag euch was: Ich konnte Mossul nicht ausstehen! Ich hatte einmal zehn Tage in der Stadt verbracht und fand sie ganz schrecklich. Ich konnte mir überhaupt nicht vorstellen, dort zu wohnen, aber wenn Gott das so deutlich sagt … Und jetzt liebe ich Mossul. Es tut mir um die Stadt noch mehr leid als um Bagdad, wo ich geboren und aufgewachsen bin." – „Mossul war geistlich sehr dun-

---

15 Im Orient werden Eltern oft nach dem ältesten Sohn benannt; hier reden wir also mit Mutter-Kemal und Vater-Kemal.

kel, noch schlimmer als Bagdad", meint Kemal, „das sind die Nachfahren von den Leuten, die schon Noah ausgelacht haben und denen Jona das Gericht verkündigt hat. Sie hatten so harte Herzen. Wir haben friedlich zusammengelebt als Muslime und Christen, aber ‚friedlich' heißt in dem Fall nur, dass sie uns nicht umgebracht haben. Sie haben uns tatsächlich mehr vertraut als ihren muslimischen Landsleuten – die Christen haben einen guten Ruf! Aber richtig respektiert hat man unseren Glauben nie, und natürlich konnten wir auch nicht frei darüber reden.

Die meisten Muslime sind einfach nur Menschen; sie nehmen ihre Religion nicht besonders wichtig und wollen nur eins: in Frieden leben. Wir hatten ja viele Freunde, Nachbarn, Geschäftsfreunde ... Es wurde immer dann schwierig, wenn sie ihren Glauben ernster zu nehmen begannen. Wir hatten zum Beispiel diesen Nachbarn in meinem Alter. Er hat uns immer freundlich gegrüßt, und wenn meine Mutter Hilfe bei etwas brauchte, hat er ganz selbstverständlich mit angepackt. Wir waren eben Nachbarn! Aber dann ist er nach Mekka gepilgert und hat den Koran studiert, und als er zurückkam, hatte er einen kleinen Bart und er hat meine Mutter nicht einmal mehr gegrüßt, weil sie eine Frau ist und eine Christin und deswegen unrein." – „Seine Familie ist noch in Mossul, obwohl es für Muslime ja auch nicht mehr schön da ist", fügt Um-Kemal hinzu. „Als wir gegangen sind, haben wir ihnen noch unseren Generator und andere Sachen geschenkt, die wir nicht mitnehmen konnten ... Für uns war das kein Problem, nett zu ihnen zu sein, wir haben ja Jesus. Wenn sie uns nicht mögen, ist das ihr Problem."

„Das Leben ist wirklich nicht mehr einfach in Mossul, auch nicht für Muslime – außer wenn sie ganz extreme Ansichten haben", sagt Kemal. „Es gibt keine Freiheit mehr, alles wird kontrolliert und die Strafen sind hart. Wenn man zum Beispiel Zigaretten verkauft und dabei erwischt wird, bekommt man 41 Peitschenhiebe. Und beim zweiten Mal wird man hingerichtet. In den Schulen ist Englisch aus dem Stundenplan gestrichen worden, und auch manche Naturwissenschaften und alle Philosophie gelten als unrein. Die Frauen müssen den Nikab tragen, dieses Gewand, bei dem nur ein kleiner Schlitz die Augen frei lässt. In Jordanien haben wir das immer im Spaß ‚den Briefkasten' genannt, aber es ist natürlich nicht lustig, so etwas plötzlich tragen zu müssen.

IS-Anhänger waren schon lange in der Stadt, aber sie hatten nicht in dem Maß die Kontrolle. Sie haben von Geschäftsleuten, Ärzten und solchen Leuten schon immer Geld gefordert: Jeden Monat sind da allein in Mossul 5 Millionen Dollar zusammengekommen. Das ist so ähnlich wie bei der Mafia: Wenn man nicht bezahlt hat, haben sie eine kleine Bombe im Laden platziert oder einen der Söhne umgebracht ... Das war über Jahre der Alltag, aber nun findet das in aller Öffentlichkeit statt: Auf alles ist eine Steuer aufgeschlagen worden. Wo man zum Beispiel Anfang des Jahres noch 1000 Dinar (knapp 70 Cent) fürs Parken bezahlt hat, zahlt man jetzt 1250 – die 250 gehen an den IS. Da kommt richtig viel Geld zusammen!" – „Die nutzen das Geld, um Menschen umzubringen – das ist ja doch eine etwas merkwürdige Verwendung von Steuergeldern", schüttelt Um-Kemal den Kopf.

„Viele Christen flüchten nicht zum ersten Mal", erzählen Kemal und Um-Kemal weiter. „2007 war schon so ein Jahr. Viele christliche Familien hatten einen Brief im Briefkasten mit einem Zettel und einer Pistolenkugel. Auf dem Zettel stand: ‚Wenn ihr nicht geht, werdet ihr eine solche Kugel in einem eurer Söhne finden.' Es sind auch wirklich Leute umgebracht worden, allein drei junge Männer aus unserem näheren Bekanntenkreis, einfach nur, weil sie Christen waren. Da sind viele in die christlichen Dörfer im Umland von Mossul geflüchtet. Manche sind nach einigen Monaten in ihre Häuser zurückgekehrt, als sich alles etwas beruhigt hatte. Jetzt macht es keinen Unterschied mehr: Jetzt mussten alle noch einmal flüchten, und ich glaube, diesmal geht keiner zurück. Diesmal waren es auch nicht ein paar Ausrutscher gegen einzelne Christen oder Familien in dem einen oder anderen Stadtteil; es hat alle gleichermaßen getroffen.

Der Juni war eine sehr dramatische Zeit für uns in Mossul: Die irakische Armee kämpfte gegen den IS und versuchte ihn an der Einnahme unserer Stadt zu hindern. Ganz plötzlich wurde eine totale Ausgangssperre verhängt: Kein Mensch, kein Auto durfte auf die Straße. Wir hatten zu der Zeit gerade eine Gebetsversammlung in unserem Haus, und die Leute, die dafür zusammengekommen waren, steckten bei uns fest. Also haben wir drei Tage und drei Nächte gebetet. Vielleicht hat das auch eine Rolle gespielt, dass wir hinterher so glimpflich davongekommen sind! Die Ausgangssperre wurde dann für einige Stunden in der Nacht aufgehoben und wir sind sofort aus der Stadt geflüchtet, wie übrigens auch sehr viele andere Leute, die um ihr Leben fürchten mussten. Die Armee hatte um den Stadtteil rechts des Tigris fünf Tage gekämpft, aber als der IS siegte, zog die Armee ganz ab. Wir hatten Freunde in diesem Stadtteil, die die Bomben und die Gefechte hörten und uns per Handy immer wieder Bescheid gaben, wie die Lage gerade war. Sie haben dann gesagt: ‚Sie kommen jetzt zu euch rüber.' Es gibt eine große Brücke über den Fluss, über die sind sie gekommen. Unseren Stadtteil links des Tigris konnte der IS dann in eineinhalb Stunden einnehmen; es war ja niemand mehr da, der sich ihnen entgegenstellte. Zehn Minuten nachdem wir überstürzt das Haus verlassen haben, haben sie unsere Straße eingenommen.

Per Handy hat eine Freundin von uns, die in Bagdad lebt, alle übrigen Gemeindemitglieder angerufen – unser Guthaben war alle ... Sie hat mit ihrem Handyguthaben wohl einigen unserer Leute das Leben gerettet! Einige konnten mit dem eigenen Auto flüchten, andere wurden von Nachbarn mitgenommen und einige sind auch wirklich viele Kilometer zu Fuß gelaufen. Inzwischen sind die rund 60 Leute, die zu unserer Gemeinde gehörten, hier in Erbil. Wir hatten immer gute Kontakte zu der sehr ähnlich geprägten Gemeinde hier, und nun haben wir die beiden Gemeinden eben miteinander verschmolzen. Sie haben uns sehr freundlich aufgenommen. Eigentlich ist unsere Geschichte eine Liebesgeschichte: Gott zeigt uns seine Liebe durch seine Bewahrung und durch die Freundlichkeit der anderen Christen. Und es ist erstaunlich, wie gut unsere Gemeindemitglieder mit der Situation umgehen. Sie sagen, dass sie selbst überrascht sind, wie stark ihr Glaube ist. Und er wird in diesen Schwierigkeiten immer stärker!"

„An die Leute aus anderen Kirchen, die im Juni noch in Mossul blieben, habe ich Botschaften geschickt", erzählt Kemal, wie es weiterging. „Ich habe ihnen geraten: ‚Flieht, solange ihr es noch könnt!' Ich habe den Koran studiert und mich mit der Geschichte des Islam beschäftigt und ich war mir ziemlich sicher, was passieren würde: Man würde sie vor die Wahl stellen, zum Islam zu konvertieren, eine besondere Steuer zu zahlen – oder umgebracht zu werden. So war es in der Vergangenheit, auch der Mord an den Armeniern vor hundert Jahren ist so abgelaufen.

Es ist dann einen Monat später doch etwas anders gekommen, und um ganz ehrlich zu sein: Ich war selbst überrascht. Ihr kennt ja die Flugblätter, die den Christen diese drei Optionen vorstellten, ihnen aber zusätzlich die Möglichkeit ließen, die Stadt zu verlassen. Der Leiter des IS hat sich selbst als sehr gnädigen Mann dargestellt, weil er das überhaupt erlaubte. Einige radikale Muslime haben ihn dafür auch kritisiert und gesagt, dass er den Islam verrate. Aber wir sehen darin Gottes Hand: Gottes Gnade hat die Christen bewahrt! Es ist ein Wunder!

Du schreibst dieses Interview für die Christen in Deutschland und Europa auf? Dann habe ich eine Botschaft für euch. Ihr habt ja mitbekommen, dass die Leute im Irak viel von Deutschland halten und große Achtung vor euch haben. Ihr liegt uns am Herzen, und deswegen sage ich es so deutlich, wie ich kann: Nehmt euch vor dem Islam in Acht. Unsere Familie ist ja auch schon in Kanada gewesen und ich lese westliche Zeitschriften und schaue fern und bekomme mit, dass der Islam bei euch meistens friedlich auftritt. Und weil bei euch Ehrlichkeit so ein hoher Wert ist – viel mehr als bei uns, bei uns lügt jeder den anderen an! –, glaubt ihr das alles und könnt euch nicht vorstellen, dass sich dahinter etwas anderes verbergen könnte. Aber laut islamischer Lehre darf ein Mensch in drei Fällen lügen: Erstens im Krieg – und radikale Muslime sehen sich in christlichen Ländern in einer Art Krieg – und zweitens der eigenen Frau gegenüber, und drittens, um verfeindete Parteien zusammenzubringen.

Ich sage euch das als Christ, der jahrelang von Muslimen umgeben gelebt hat: Der Islam ist nicht das, als was er sich bei euch darstellt. Er ist eine Gefahr für euer Land und für Europa. Der IS zeigt das wahre Gesicht des Islam, und wenn es nach denen ginge, würden sie euch genauso erobern wie uns. Es ist wie eine

Formel: unser radikaler Islam plus eure Freiheit ist gleich große Gefahr. Wegen diesen Leuten leben wir wie ein Entwicklungsland und kennen keinen Frieden. Sie machen alles kaputt. Versteh mich nicht falsch: Es geht nicht gegen die Menschen! Ich habe Muslime lieb und Jesus hat sie auch lieb. Viele von ihnen suchen Gott und wollen aufrichtig tun, was ihm gefällt. Meine Tante, die da neben dir sitzt, war vierzig Jahre lang Lehrerin und hat muslimische Kinder unterrichtet. Natürlich hat sie die lieb gewonnen! Aber wenn ein normaler Muslim zu einem radikalen Muslim wird, verändert er sich. Da ist keine Liebe mehr, nur noch Hass und Zerstörung. Eure Kirchen sind zu schwach, euer Glaube hat kein festes Fundament mehr und ihr seid viel zu gleichgültig: Ihr erzählt den Muslimen nicht von Jesus, obwohl ihr die Freiheit hättet. Und ihr setzt dem Islam nichts entgegen. Wer weiß, vielleicht passiert euch in zehn oder zwanzig Jahren, was uns in diesem Jahr passiert ist. Ich wünsche es euch nicht.

Ich bin 1982 geboren. Damals war der Irak schon zwei Jahre lang im Krieg mit dem Iran. Seither hat es nie wirklich Frieden gegeben. Ich bin jetzt 32 und weiß gar nicht, wie es sich anfühlt, in Sicherheit zu leben."

Kemals Tante hat die ganze Zeit mit auf dem Sofa gesessen; ihr Englisch ist nicht sehr flüssig, aber auch sie möchte uns etwas mit auf den Weg geben: „Ja, habt Muslime lieb! Aber seid vorsichtig – achtet darauf, dass eure Enkel euch nicht in zwanzig, dreißig Jahren so fragen, wie unsere Kinder und Enkel uns Ältere jetzt fragen: ‚Wie war das denn damals, als Frieden war und alle noch ihre Meinung sagen konnten?'"

Ich muss Kemal mehrmals hoch und heilig versprechen, dass ich seine Worte weitergeben werde. Wir plaudern noch eine Weile mit seiner Familie weiter: über ihr Leben in der Stadt Mossul, die bei den Ruinen von Ninive aufgebaut wurde, über Deutschland und das Leben von Flüchtlingen bei uns. „Danke für eure Hilfe und eure Unterstützung", sagt die Familie, als wir uns verabschieden. „Und danke für alle Gebete. Wir brauchen sie. Und wir beten im Gegenzug für euch. Ihr braucht das auch."

Am Abend fahren wir noch bei einer vielleicht vierzigköpfigen Großfamilie aus Karakosch vorbei, die den Kollegen ganz zufällig aufgefallen ist: Auf dem Gelände eines großen, in ganz Erbil bekannten Restaurants steht ein geräumiger Schuppen, in dem bisher Vorräte und Möbel aufbewahrt wurden. Als der Restaurantbesitzer die Familie eines Morgens auf der Straße fand, wo sie im Freien übernachtet hatte, räumte er kurzerhand den Schuppen leer, stellte einen Container mit Sanitäranlagen auf das Gelände und ließ die Sippe einziehen. Er versorgt sie mit Essen; einige Decken, Hygieneartikel und einen Fußball für die Kinder bekommen sie heute von uns. Die Geschichte dieser Menschen ist auch insofern bemerkenswert, als sie einige Neuzugänge verzeichnen: erst vor vier Tagen sind der 90-jährige Opa sowie ein Elternpaar mit drei Söhnen in Erbil angekommen; dabei hat der IS ihren Heimatort schon vor zwei Monaten eingenommen. Die Mutter erzählt:

„Als der IS Bomben auf Karakosch geworfen hat und fast alle Christen geflüchtet sind, haben wir beschlossen zu bleiben. Mein Vater ist doch schon so alt und wir hatten Sorge, dass er den Fußmarsch nicht übersteht. Wir haben gehofft, dass sich die Lage schnell wieder normalisiert und dass auch unsere Nachbarn zurückkommen. Stattdessen haben IS-Kämpfer ihre Familien in die Stadt geholt und sind in die leeren Häuser eingezogen. Schon die Kinder haben dort Gewehre. Der IS plündert die Häuser und Läden und macht alles kaputt. Von den ursprünglichen Bewohnern ist jetzt höchstens noch eine Handvoll dort.

Wir haben uns in unserem eigenen Haus versteckt. Strom und Wasser waren abgestellt und wir hatten nicht sehr viel Essen im Haus. Wir haben die ganze Zeit vor Angst gezittert. Und wir haben nur sehr wenig gegessen. Aber irgendwann ging es nicht mehr. Mein Mann ist zu einem Bauernhof gegangen, der uns gehört, um etwas zu essen zu organisieren, und dabei haben ihn IS-Leute erwischt. Sie sind zu uns gekommen und haben uns alle mit Gewehren bedroht. ‚Wenn ihr nicht das Haus verlasst', haben sie gesagt, ‚schneiden wir euch allen die Köpfe ab.' Sie haben uns unsere Dokumente abgenommen und wir sind losgelaufen, auch mein alter Vater. Sie sind mit ihren Gewehren auf Motorrädern hinter uns hergefahren, bis wir etwa zwei Kilometer vor Karakosch waren. Wir haben alle die ganze Strecke vor Angst geweint, aber sie haben dann einfach umgedreht und sind zurück nach Karakosch gefahren. Wir haben ein Taxi gefunden, das uns von dort weggebracht hat. Zwei Tage haben wir auf der Straße geschlafen. Jetzt sind wir hier. Wir fühlen uns hier sicher. Aber in diesem Schuppen können wir nicht lange leben."

Ihr Mann steht die ganze Zeit neben unserer kleinen Gesprächsgruppe. Er sagt kein Wort und scheint seine Familie und uns auch kaum wahrzunehmen, so als gehörte er nicht so recht hierher. Sein leerer Blick geht mir noch lange nach. Was es für die Seelen dieser Männer und Familienväter bedeutet, dass sie ihre Familien nicht beschützen und versorgen können, vermag ich mir kaum vorzustellen.

Einer der Männer, die schon länger hier hausen, zeigt uns einige Käfer an der Wand und Risse im Dach des Schuppens. In den letzten Nächten, erzählt er, hat er zwei Skorpione gefangen. Er macht sich Sorgen um die Kinder der Sippe: Ein Baby ist zwei Monate alt und gerade erst aus dem Krankenhaus gekommen. Ein anderes soll noch in diesem Monat geboren werden. „Wie soll das werden?", klagt die werdende Mutter, eine Mittdreißigerin, die schon eine Handvoll Kinder hat. „Ich habe nicht einmal eine anständige Matratze oder Tücher. Es wäre schon gut, ein Bett für das Kind zu haben, sodass es nicht bei den ganzen Käfern auf dem Boden schlafen muss."

„Wenn ihr das nächste Mal kommt – könnt ihr dann Shampoo mitbringen?", bittet ein Teenagermädchen, als wir aufbrechen. Wir werden in einigen Stunden zurück nach Deutschland fliegen, aber Josua, unser Übersetzer, hat mitgeschrieben, was die Familie braucht. Nicht alle Wünsche lassen sich erfüllen, aber Shampoo sollte kein Problem sein und die Kollegen werden es sicher besorgen.

Josua ist übrigens einer der feinen jungen Leute, die zu meiner Anfangszeit Mitte Juli noch mit in unserem Gästehaus gewohnt haben, als es sich wie eine Studenten-WG anfühlte. Unsere Partnerorganisation hat ihn nun für Übersetzungen und Berichte eingestellt. Ein einheimischer Projektleiter wird die Arbeit unseres GAiN-Katastrophenteams weiterführen und nicht nur die Verteilung von lokal gekauften Waren organisieren, sondern auch die Hilfslieferungen aus Deutschland koordinieren.

„Wir haben im Deutschen ein Sprichwort", erkläre ich dieser letzten Familie frustriert und hilflos. „Wir sagen: Diese Hilfe ist ein Tropfen auf den heißen Stein. Es tut mir so leid, dass wir euch heute nicht mehr helfen können." Die Not ist einfach zu groß. Wo sollen all diese Leute Unterkunft finden, wenn die Nächte kalt werden?

„Nein", schüttelt einer der Männer den Kopf. „Ihr seid dagewesen und ihr seid wiedergekommen. Das bedeutet uns viel. Sag das auch den Leuten in deinem Land: Es bedeutet uns sehr viel zu sehen, dass wir nicht vergessen sind."

LEBEN IN DER WARTESCHLEIFE

Als wir wieder abreisen, steht der Auftrag für die nächsten Monate fest: Noch herrschen Temperaturen über 30 Grad, aber der Winter steht vor der Tür und macht den Menschen Sorge. Nichts deutet darauf hin, dass die eroberten Gebiete bis dahin befreit sind und die Vertriebenen in ihre Städte, Dörfer und Häuser zurückgehen werden. Die UN, regierungsnahe Organisationen, Hilfswerke und engagierte Privatpersonen bemühen sich, die Zeltstädte durch permanentere Wohnmöglichkeiten zu ersetzen. Der 18-qm-Wohncontainer, vor Ort „Caravan" genannt, wird zur häufigsten Unterkunft für Familien. Für manche Flüchtlinge kommen diese Container nicht mehr rechtzeitig vor dem Winter; sie leben noch ein Jahr später in Zelten oder Rohbauten.

Wir schicken weiter Container mit Hilfsgütern in größeren Mengen: Schuhe, Babynahrung und Windeln, Schulranzen, Kleidung ... Sie werden bei „unseren" betreuten Familien, aber auch in den verschiedenen größeren Camps verteilt, zu denen unsere Kollegen inzwischen Zugang haben. Die humanitäre Hilfe hat ihnen Türen auch zu muslimischen Flüchtlingen geöffnet, die lange verschlossen waren.

Die Wellen von Flüchtlingen, die mit dem Vordringen des IS seit Frühjahr in die kurdische Autonomieregion geschwappt sind, ebben ab, seit sich die Kampfhandlungen mehr nach Syrien verlagern. Die Lage festigt sich. Die Familien, die unsere Partnerorganisation im Raum Erbil zusätzlich mit Lebensmitteln und Alltagsgütern versorgt, beginnen sich in ihrem neuen Leben einzurichten. Es ist ein Leben im Übergang, in der Warteschleife – wobei nicht immer so recht klar ist, worauf die Menschen eigentlich warten. Einige unserer Kollegen vor Ort, die über den ganzen Sommer unter enormer Anspannung durchgehend gearbeitet haben, bekommen gerade jetzt eine dringend nötige Pause zum Atemholen und Neuausrichten.

„Dieses Jahr war für unseren Dienst ein Wendepunkt", bestätigt uns Djamila später. „Ihr von GAiN wart da und habt uns Mut gemacht, die humanitäre Arbeit in diesem Ausmaß anzugehen, und wir haben die Herausforderung angenommen. Und dann rückte im August der IS so nah an Erbil heran und wir hatten furchtbare Angst. Es waren in jeder Hinsicht, auch geistlich, unglaublich anstrengende Monate. Ein Bruder aus der Schweiz hat uns dann im November eingeladen, eine Weile in seinem Ferienhaus in den Bergen neue Kraft zu schöpfen, und dort ist uns Gott begegnet. Er ist gar nicht so sehr auf unsere Ängste eingegangen, sondern hat uns einfach deutlich gemacht, wie sehr er uns liebt. 40 Tage lang hatten wir jeden Tag wunderbare Zeiten mit dem Herrn, mit viel Gebet und Zeit zum Nachdenken. Er hat uns in diesen Wochen viel Mut gemacht, und als wir Anfang Dezember in den Irak zurückkamen, haben wir überlegt, wie wir den Menschen auch seelsorgerlich helfen können. Die unmittelbaren materiellen Bedürfnisse waren so weit befriedigt und die Leute hatten einigermaßen genug zu essen, aber es gab einen großen Bedarf an psychologischer und geistlicher Nahrung."

Das Naheliegende ist eine Arbeit unter den Frauen, die dann weiter auf die Familien ausstrahlt. Frauen kommen gerne zusammen, das ist im Irak nicht anders als in Deutschland. Die Kollegen laden zu einer Frauen-Weihnachtsfeier ein, zu der 160 kommen: Es gibt kleine Geschenke und eine Andacht und Essen und natürlich viel Gemeinschaft – alles Dinge, die den Frauen in dieser Situation besonders guttun. „Wir haben ja nicht viel zu geben; wir müssen schauen, was in den Containern so mitgeliefert wird", meint Djamila. „Manchmal ist das nur Putzmittel oder auch mal ein Duschgel, und natürlich würden die Leute diese Sachen ohnehin bekommen, aber es ist einfach auch etwas Besonderes, wenn man bei einem Treffen auch noch beschenkt wird."
Sie lächelt. „Die Männer fanden das ganz komisch. Warum geben wir das Zeug nicht einfach zusammen mit den Lebensmitteln aus, haben sie sich gewundert. Aber die Frauen haben es genossen." Selbst eine Flasche Badreiniger kann hier einer Frau das Gefühl geben, etwas Besonderes zu sein ... Zu Ostern und zum Frauentag kommen weit über 300 Frauen. Ungewöhnlich ist, dass sich die Gruppen dabei zu mischen beginnen. Früher gab es an einem Ort die Chaldäisch-Katholischen, an anderen

Orten die Armenisch-Apostolischen, die Syrisch-Orthodoxen, die Römisch-Katholischen ... Und sie alle standen einander eher skeptisch gegenüber. Weil unsere Partnerorganisation sich nicht einer bestimmten Kirche zuordnen lässt und die Kollegen zu verschiedenen Konfessionen gehören, beginnen ihre Priester und Geistlichen ihnen zu vertrauen. Sie ermutigen ihre Gemeindeglieder, zu den Veranstaltungen zu kommen, und es entsteht eine regelmäßige, konfessionsübergreifende Frauenarbeit. So etwas hat es im Irak bisher nicht gegeben.

Tayyips und Djamilas Anliegen, den Flüchtlingen gerade jetzt nicht nur materiell, sondern auch seelsorgerlich und geistlich beizustehen, bestätigt sich. Viele der Christen, die aus sehr alten Denominationen mit altehrwürdigen Traditionen kommen, sind nun aus diesen Traditionen herausgerissen worden. Ihre Kirchen wurden teils zerstört und sind jedenfalls im Moment nicht zugänglich, ihr Familien- und Gemeindeverband ist teilweise auseinandergerissen. Für sie stellen sich manche Glaubensfragen zum ersten Mal und sie kommen den Kerninhalten des christlichen Glaubens jenseits ihrer Traditionen neu auf die Spur. So mancher lernt den Christus, um dessen Namen willen er verfolgt wurde, jetzt erst richtig kennen. Es tut den Flüchtlingen in dieser Situation gut, mit den seelsorgerlich erfahrenen Mitarbeitern unserer Partnerorganisation reden zu können; und weil Djamila Psychologin ist und auch die Ärzte, die unter den Flüchtlingen arbeiten, psychosomatische Beschwerden gut einordnen und betreuen können, behalten sie den ganzen Menschen im Blick.

Viele sind nach dem ersten Schrecken vor allem dankbar, dass sie mit heiler Haut davongekommen sind und „nur" ihren Besitz verloren haben. Anderen Bevölkerungsgruppen ist es schlimmer ergangen. „Als die Leute im letzten Sommer hier ankamen, waren sie am Anfang unglaublich wütend." So bestätigt uns das auch Tayyip. „Sie haben geschimpft, was ihnen nun alles fehlt, und dass man ihnen ihre Häuser, ihre Autos, ihren Besitz genommen hat. Aber als sie dann mitbekommen haben, wie es den Jesiden ergangen ist, sind sie ganz still geworden. Die sind zu Dutzenden massakriert worden, saßen dann im Gebirge fest und sind verdurstet und vor Erschöpfung gestorben. Mehrere

Hundert jesidische Frauen sind verschleppt und verkauft worden – auch manche christlichen, das stimmt und es ist schrecklich! –, aber im Verhältnis bei Weitem nicht so viele. Die Jesiden haben als Volk nicht nur ihren Besitz verloren, sondern ihre Würde. Unsere Leute haben dann angefangen, ein bisschen zufriedener zu werden. ‚Gott sei Dank, wir leben noch', sagen jetzt viele, ‚und unsere Frauen und Töchter sind bei uns.'"

Als Ellen Sasse, die Projektleiterin Irak im Gießener GAiN-Büro, im April 2015 einige Tage im Land ist, stellt sie fest, dass viele Menschen sich in ihren Behelfsunterkünften eingelebt haben, dass sie aber dennoch die Hoffnung nicht aufgegeben haben, eines Tages in ihr altes Leben zurückkehren zu können. Sie berichtet von der Begegnung mit einer Familie, die sie besonders beeindruckt hat:

„Unser letzter Besuch führt uns zu einer Familie, die mit achtzig weiteren Familien in einem halb fertigen Gebäude lebt, das ein Hotel werden sollte. Das Gute an dem Gebäude ist, dass es viele separate Räume gibt. Das Zimmer der Familie sieht recht wohnlich aus. Es liegen Teppiche auf den Böden und sie haben aus Ziegelsteinen und einer Matratze ein Sofa gebaut.

Sie erzählen uns, dass sie im Gebäude untereinander eine gute Gemeinschaft haben: ‚Es ist wie eine große Familie. Wir haben zusammen alles verloren.' In der Eingangshalle ist ein großer Fernseher an die Wand montiert, einige Kinder schauen einen Kinderfilm. Jeden Tag gibt es ein Gebetstreffen und sie feiern auch zusammen Gottesdienst. ‚Auch wenn wir jetzt nichts mehr besitzen, haben wir noch die Worte von Jesus Christus in uns. Wir haben unseren Glauben, wir haben unsere Ehre.'

Eine junge Frau der Familie hat auf der Flucht ihr ungeborenes Kind verloren. Ein Sohn hat eine Krankheit, die eine OP nötig macht, die nur in Frankreich oder Deutschland durchgeführt werden kann. Drei Söhne sind bereits an dieser Krankheit gestorben. Nun warten sie auf jemanden, der dem Sohn hilft. Und trotzdem: ‚Gott sieht uns, er hilft uns immer. Wir hoffen, dass unsere Situation besser wird, wir tragen unser Kreuz.'

Die größte Alltagsschwierigkeit: Außer essen und schlafen

gibt es nicht viel zu tun. Umso dankbarer sind sie, dass unsere Partnerorganisation ab und zu Veranstaltungen organisiert, Frauentreffen oder Feste für die Kinder.

‚Wenn ihr das nächste Mal kommt, könnt ihr uns hoffentlich in unserem schönen Haus in unserer Heimatstadt besuchen kommen', sagen sie uns zum Abschied. Wie schön wäre es, wenn das wahr werden würde."[16]

Was brauchen Menschen, die alles verloren haben und entwurzelt nach einer neuen Heimat suchen? Diese Frage stellt sich, mit einem Jahr Verzögerung, dann auch bei uns in Deutschland in einer neuen Dimension: Ab Frühjahr 2015 schlagen sich unvorhergesehene Massen von Flüchtlingen über verschiedene, oft gefährliche Routen nach Europa und Deutschland durch. Nicht alle sind aus dem Irak und Syrien, aber viele der Bilder, die ich in diesem Sommer im Fernsehen sehe, und die Berichte, die ich von Verantwortlichen in unserer Gießener Erstaufnahmeeinrichtung höre, erinnern mich nur zu gut an die Situation im Irak vor einem Jahr: überfüllte Notunterkünfte, erschöpfte Menschen, die einfach auf dem Steinboden vor der Erstaufnahme schlafend auf ihre Registrierung warten, von kilometerlangen Märschen durchgelaufene Kinderschuhe, allgemeine Orientierungslosigkeit ...

Bis in unsere Mittagspausen hinein bestimmt die Flüchtlingssituation in diesem Sommer viele unserer Gespräche bei GAiN und Campus für Christus. Wir haben unsere Büros in Gießen im gleichen Gebäude und haben trotz unterschiedlicher Schwerpunkte in der Arbeit das gleiche Anliegen: Menschen die Liebe Gottes in Wort und Tat zu vermitteln. Längst haben wir einzelne Gesichter und Geschichten im Kopf, wenn wir über „die Flüchtlinge" reden. Unsere Auszubildende und ihr Mitbewohner haben einen syrischen Flüchtling, der hier studieren wird, in ihre WG aufgenommen. Eine frühere Kollegin kümmert sich um zwei syrische Brüder, von denen einer minderjährig ist, und kämpft sich mit ihnen durch Behördenwirrwarr und Familientragödien. Zusammen mit ihr entwickeln einige von uns ein kleines Kultur-

---

16 Aufgeschrieben von Ellen Sasse am 12.04.2015.

training für Flüchtlinge, das ab November in der Erstaufnahme-einrichtung läuft. Viele Kollegen in ganz Deutschland engagieren sich ehrenamtlich bei säkularen und christlichen Initiativen, die in diesen Monaten entstehen, und wir alle spüren, dass wir hier auch als ganze Organisationen einen Auftrag haben. Es ist so gut, nun auf die Erfahrungen und Beziehungen des letzten Jahres im Irak aufbauen zu können und von den Kollegen dort zu lernen. Über mehrere Tausend Kilometer hinweg fühle ich mich mit ihnen verbunden, weil wir in vieler Hinsicht in der gleichen Arbeit mit den gleichen Leuten stehen. Nur dass wir sie in aller Freiheit und ohne Angst tun können.

Und obwohl ich nun auch vor der eigenen Haustür jede Menge Iraker und Syrer habe, freue ich mich über die Gelegenheit, im Oktober 2015 noch einmal in den Irak zu reisen, diesmal nur mit unserer Fotografin Claudia: Wir schauen, wie sich die Arbeit weiterentwickelt hat, reden mit Kollegen und Flüchtlingen und berichten über die Situation vor Ort. Dabei entsteht der dritte Teil meiner Irak-Notizen.

IRAK-NOTIZEN III

Montag, 5. Oktober 2015

Es ist so gut, wieder hier zu sein.

Seit unserem Einsatz im letzten Jahr hat sich einiges verändert. Weil durch die Flüchtlingshilfe die Arbeit stark gewachsen ist, ist unsere Partnerorganisation in ein größeres Büro gezogen und hat einige zusätzliche Leute angestellt. Sie haben alle Hände voll zu tun. Manche von den Arabern und Kurden, mit denen ich in diesen Tagen unterwegs bin, sind bis vor Kurzem noch Muslime gewesen und haben sich recht unorientalisch klingende neue Namen zugelegt: Wenn jemand, der mehr wie ein Hussein oder Mohammed aussieht, einem nun als Franziskus oder Benedikt vorgestellt wird, kann man davon ausgehen, dass es da eine Geschichte gibt. Und man ahnt auch schon, bei welcher Denomination er seine ersten Glaubensschritte gegangen ist ... Manche dieser Kollegen erzählen mir ihre Geschichten gerne, andere möchten die Vergangenheit ganz offenbar hinter sich lassen und man erfährt nur aus ihren Andeutungen oder über Dritte, wer und was sie waren, bevor sie zum christlichen Glauben kamen. „Ich war ein sehr schlechter Mensch und habe schlimme Sachen gemacht", fasst es einer von ihnen zusammen. Das kann hier, wo jeder gegen jeden kämpft und so viele junge Männer für die eine oder andere Seite zur Waffe greifen, alles Mögliche bedeuten. „Aber seit ich Jesus kenne, ist das alles Vergangenheit", vervollständigt der Kollege seinen Satz.

Das ist doch total abgefahren, denke ich einmal, als ich mit meinen neuen Freunden bei Kebab und Hummus über Gott und die Weltlage diskutiere: Hier sitze ich mit einem Mann, der vor einigen Jahren auf seine Hinrichtung aus Glaubensgründen wartete, und einem früheren muslimischen Milizionär friedlich zusammen; hier reißen wir Stücke vom gleichen Brot ab und tunken es in die gleiche Kichererbsen-Paste. Wir stehen alle „im Auftrag des Herrn" in der gleichen Arbeit. Diese Männer sind

Brüder geworden. Meine Brüder, in deren Gegenwart ich mich wohl und sicher fühle.

Bei meinem ersten Besuch vor über einem Jahr habe ich mich mit den vielen Psalmen und im Völkergemisch von Assyrern, Chaldäern und Babyloniern wie ins Alte Testament versetzt gefühlt, im Moment gehen mir ständig Passagen aus dem Neuen durch den Kopf. „Nachdem wir durch den Glauben von unserer Schuld freigesprochen sind, haben wir Frieden mit Gott durch unseren Herrn Jesus Christus" (Röm. 5,1, HfA). „Ist jemand in Christus, so ist er eine neue Kreatur; das Alte ist vergangen, siehe, Neues ist geworden" (2. Kor. 5,17, Luther).

Vielleicht zieht es mich auch deswegen so in den Irak, weil hier mein eigener Glaube wieder neu eingeordnet wird. Ich empfinde unsere Gemeinden und Gottesdienste in Deutschland oft als so bürgerlich-brav, selbstzentriert und leidensscheu. Wie kraftvoll das Evangelium ist, kann man vielleicht gerade hier empfinden, wo Gewalt, Mord und Hass eher die Regel als die Ausnahme sind: Wir glauben an einen guten Gott, der alle Menschen liebt und ihnen als Vater begegnen möchte. An einen Gott, der in Jesus leidet bis zum Foltertod, damit sie von ihrer Schuld erlöst werden können. An einen Gott, der als Heiliger Geist Menschen von innen heraus verändert. Das Evangelium ist stark genug für den Irak, und gerade vor einem dunklen Hintergrund aus Lüge und Gewalt scheint es umso heller: Gott verwandelt Menschen, die von Hass und Angst beherrscht werden, in Menschen, die für ihre Feinde beten und ihr Leben riskieren, damit anderen geholfen werden kann. Diese gute Nachricht ist gewaltig – so gewaltig, dass manche Leute alles aufgeben, um diesem Jesus nachzufolgen. Nein, „Friede mit Gott" ist kein abstraktes theologisches Konstrukt! Meine Freunde hier haben die befreiende Wahrheit des Evangeliums auf eine Weise erlebt, die mich fast neidisch macht. Das Lächeln in ihren Augen spricht eine deutlichere Sprache als alles, was sie sagen, und manchmal wünschte ich mir, sie würden nach Deutschland kommen und uns eingeschlafenen Christen wieder neu deutlich machen, wie großartig die Inhalte unseres Glaubens sind.

Claudia und ich sind mit unseren einheimischen Kollegen Farid und James verabredet, um einige der Familien zu besuchen, die von GAiN mit versorgt werden. James ist noch anderweitig beschäftigt, und so nutze ich die Zeit, um nach Farids Geschichte zu fragen. Farid ist der Mitarbeiter, der ausgerechnet in der Krisenzeit in den Irak zurückgekehrt ist und den wir vor einem Jahr eingestellt haben, als wir die Arbeit in einheimische Hände übergaben.

„Ich bin in Kirkuk aufgewachsen", erzählt er. „Meine Eltern stammen aus Mossul, aber sie waren Ende der 50er-Jahre nach Kirkuk geflüchtet. Damals waren die Christen auch reihenweise umgebracht worden, aber meine Eltern hatten entkommen können und sich ein neues Leben aufgebaut. Ich habe zwei Schwestern und hatte auch noch einen Bruder, aber er ist umgekommen, als er 19 war. Er war im Südirak unterwegs und hatte einen Unfall: Er ist von einer Schaukel gefallen und hat sich dabei schwer am Rücken verletzt. Sie haben ihn in ein Krankenhaus gebracht, aber als die Ärzte sahen, dass er ein Kreuz um den Hals trug, haben sie sich geweigert, ihn zu behandeln. Bis wir ihn nach Bagdad schaffen konnten, war so viel Blut am Rückgrat geronnen, dass er ganz vergiftet war und auf Dauer gelähmt blieb. Mein Vater hat ihn noch zu einer Operation nach London gebracht, aber für eine zweite Operation durfte er ihn nicht ausfliegen: Da war gerade eine Anordnung herausgekommen, dass nur noch Kriegsversehrte zu Behandlungen ins Ausland gebracht werden durften. Mein Bruder hat sich kaum noch bewegt und ist schließlich an Nierenversagen gestorben.

2000 ist die Zivilpolizei Saddam Husseins auf mich aufmerksam geworden: Ich hatte damals ein Büro mit Computerdiensten und dort habe ich den Jesusfilm[17] auf CDs gebrannt. Einmal kamen diese Herren in Zivil in meinen Laden und bekamen das mit. Sie haben nichts gesagt, sondern sind einfach wieder gegangen. Am nächsten Tag haben sie angerufen und mich zu ei-

---

17 Der Jesusfilm von Campus für Christus aus dem Jahr 1979 wurde in über 1300 Sprachen übertragen. Obwohl er inzwischen etwas „in die Jahre gekommen" ist, ist er – gerade in der arabischen Welt – für viele immer noch ein guter Einstieg in die Inhalte des christlichen Glaubens.

nem Gespräch vorgeladen. Dabei haben sie mich gleich dabehalten; sie hatten diese CDs ja gesehen und der Fall war klar. Ich habe dann 26 Tage im Gefängnis verbracht. Was das Urteil sein würde, stand schon fest, bevor es überhaupt einen Prozess gab: Wer mit dieser Art Material erwischt wurde, wurde hingerichtet. Damals wie heute gab es viel Korruption, und gegen ein Bestechungsgeld konnten manche freikommen – aber eine Garantie dafür gab es nie, und es war ein schrecklicher Monat. Wir waren vierzig Männer in einer vier mal fünf Meter großen Zelle; ein paar Kriminelle, ein paar Regierungsgegner – ein Universitätsprofessor, der Saddam kritisiert hatte, war auch darunter – und einige Leute, die nicht korrupt genug gewesen und deswegen im Gefängnis gelandet waren.

Gegen ein Bestechungsgeld bin ich dort tatsächlich rausgekommen, aber sicher war ich nicht mehr. Ich habe den Irak verlassen können und bin mit einer Arbeitserlaubnis nach Russland gegangen. Dort habe ich sechs Jahre gelebt, habe Russisch gelernt und gearbeitet. 2006 bin ich nach Kirkuk zurückgekehrt. Saddam Hussein war in der Zwischenzeit gestürzt worden. Ich war ja nicht im Land, als die Amerikaner kamen, aber durch meine Freunde habe ich mitbekommen, dass alles nur noch schlimmer wurde: Jeder besorgte sich Waffen und die Leute fingen einfach an, einander umzubringen. Jeder brachte die Leute um, die er nicht mochte – und die Christen mochte niemand, deswegen wurden sie zur Zielscheibe für viele. Es gab viele radikale Muslime, und es dauerte nur wenige Monate, vielleicht ein halbes Jahr, bis sie anfingen, mich zu bedrohen. Ich weiß nicht einmal, welche Gruppe dahintersteckte – es gibt von denen so viele –, aber die Vorwürfe und Verdächtigungen gingen auch ohnehin in viele Richtungen und waren nicht alle gleich gut begründet: Ich war Christ, und ich hatte in Russland gelebt und war in der Zeit sicher Kommunist geworden ...

Dieses Mal bin ich tatsächlich geflüchtet, und zwar nach Schweden. Ein Schlepper hat das organisiert und ich konnte ein Flugzeug nehmen. Meine Reise hat nur zwei Tage gedauert, nicht Wochen und Monate, wie das heute die meisten erleben. Dort habe ich Asyl beantragt, und das ist mir dann auch gewährt worden. In Schweden zu leben, war eine enorme Erleichterung für mich. Ich mag keine Gewalt, und in einer Gesellschaft zu leben, in der es so friedlich war, hat mir gutgetan. Ich konnte mit Menschen über das reden, was passiert war, die Leute waren freundlich und haben mir zugehört. Zum ersten Mal musste ich nicht in Angst leben. Sobald ich meinen schwedischen Pass hatte, habe ich mir einen Kindheitstraum erfüllt. Meine Oma war in Israel gewesen und hatte vom Heiligen Land geschwärmt, und ich hatte immer zu meiner Mutter gesagt: ,Können wir da nicht auch einmal hinreisen?' Aber es war für uns als irakische Staatsbürger nicht erlaubt. Jetzt konnte ich mir die historischen Stätten anschauen und dort hingehen, wo Jesus gelebt hatte. Das war 2013, und als Erinnerung habe ich mir in Jerusalem ein Kreuz auf den Unterarm tätowieren lassen.

Ich bin im Mai 2014 in den Irak zurückgekehrt, diesmal nach Erbil. Mein Vater ist schon 81 und schwer krank, sodass ich meiner Schwester bei der Pflege helfen muss. Wir konnten unser Haus in Kirkuk verkaufen und hier eines kaufen, in dem wir alle leben. Nach Schweden zu emigrieren war schwierig. Aber es war viel schwieriger, hierher zurückzukommen in all das Chaos und die Gewalt. Und Kurdistan ist natürlich auch wie Ausland für mich: Ich kann ja kein Kurdisch, sondern nur Arabisch, Englisch, Russisch und Schwedisch.

Ich merke, dass ich oft so unglaublich wütend bin über das, was die Christen hier erleben. Jeder kann uns behandeln wie den letzten Dreck. Damit muss man irgendwie zurechtkommen, und ich finde das schwierig, vor allem weil ich ja in Schweden etwas anderes kennengelernt habe. Ich möchte hier wieder weg, sobald mein Vater nicht mehr ist. Viele der Christen, die hierher nach Erbil geflüchtet sind, bleiben ja auch nicht aus Überzeugung im Irak oder weil es in den Lagern so schön ist: Viele haben so wenig, dass sie es damit nicht ins Ausland schaffen. Andere haben zu viel gehabt und möchten das nicht auf Dauer zurücklassen; sie geben die Hoffnung nicht auf, dass sie ihren Besitz irgendwann wiederbekommen. Und wieder andere sagen: Das ist doch das Land unserer Vorfahren, wir können das doch nicht einfach verlassen. Manche sind auch schon ins Ausland gereist und sind dann doch zurückgekommen. Es ist nicht einfach, aus der Heimat wegzugehen."

Im Lauf der nächsten Tage bestätigen sich seine Worte: Die meisten, mit denen wir sprechen, wollen weg aus dem Irak, aber konkrete Pläne haben nur wenige.

Unsere erste Station ist das „vertikale Dorf". „Ihr werdet schon verstehen, warum das so heißt, wenn wir dort sind", vertröstet uns James, als wir uns wundern. Wir fahren etwas außerhalb unseres Stadtteils, wo eine neue Hauptstraße halbfertig ins Nichts führt. Daneben steht ein Hochhaus, das eigentlich ein Hotel werden sollte. Weder die Straße noch der Stadtteil noch das Hotel haben in absehbarer Zukunft Aussicht darauf, fertiggestellt zu werden. Vor einem Jahr schien Kurdistan zu boomen, jetzt sind viele Baustellen verwaist. Investoren sind von der unsicheren Situation abgeschreckt. Es gibt kein Geld mehr für den Städtebau – und auch sonst ist es mit öffentlichen Geldern nicht mehr weit her. Regierungsbeamte und städtische Angestellte bekommen nur alle paar Monate einen Monatslohn ausgezahlt. Die Wirtschaft stagniert. Allein im letzten Jahr haben 40 Hotels geschlossen. Es fließt alles ins Militär. Das ist wohl der Preis dafür, dass man in Kurdistan weiterhin sicher leben kann.

Der Besitzer des unfertigen Hotels hat auf Initiative eines dominikanischen Priesters, Najeeb Michaeel aus Karakosch, den Rohbau zum vertikalen Dorf ausgebaut: Er hat in einige Etagen von beiden Seiten Wohncontainer geschoben und die kleinen bad- und küchelosen Einraumwohnungen zu winzigsten Preisen an Flüchtlingsfamilien vermietet. Wie fast alles in der Flüchtlingshilfe hier ist auch dies eine Privatinitiative, in die einzelne Hilfsorganisationen dann mit eingestiegen sind. Von den 500 Familien, die GAiN inzwischen mit Essen und Alltagsbedarf betreut, wohnen 160 hier, bestehend aus zusammengenommen ca. 700 Menschen. Wasser liefert die Caritas per LKW: Es sind rund 30- bis 40.000 Liter täglich. Dazu wird aus einem Flüsschen in der Nähe Wasser hergeleitet und gefiltert. Aber es ist sehr schmutziges Wasser, das die Filter überlastet.

Wir kommen gerade an, als Putzmittel für die Familien ausgegeben werden, und können mit Hamit, dem Verwalter dieses Camps, reden. Er reicht einen Teller mit Gebäck und Bonbons herum: „Das hat eben eine Familie vorbeigebracht, die gerade ein Baby bekommen hat." Da nimmt das ganze vertikale Dorf Anteil; auch einige Hochzeiten hat es schon gegeben. Nach einem Jahr Flüchtlingsleben ist trotz aller Unsicherheiten um die Zukunft in diesem Provisorium eine gewisse Normalität eingekehrt. „Am Anfang haben die Leute sich innerlich gewehrt und alles Mögliche unternehmen wollen, um bloß nicht hier als Flüchtlinge leben zu müssen. Inzwischen haben sich die meisten mit den Zuständen arrangiert", zuckt Farid mit den Schultern. „Vielleicht ist das auch gut so. Ihre Flucht ist schon über ein Jahr her und in diesem Jahr hat sich an der politischen Situation nichts geändert. Nichts deutet darauf hin, dass sie bald zurückkönnen. Wer weiß, vielleicht leben sie in zehn Jahren immer noch hier." Über den Wohnungen ist ein Stockwerk mit kleinen Klassenräumen und zwei mittelgroßen Sälen zu einer Art Bildungs- und Versammlungsetage ausgebaut worden. Wir klettern über spielende Kinder in allen Altersgruppen hinweg, um über die rohen Stufen nach oben zu gelangen. Übernächste Woche beginnt erneut die Schule und es ist ein Wunder, dass die Kinder wieder beschult werden. Die Schulen der Umgebung haben ihren Unterricht verdoppelt: Die eine Hälfte der Kinder kommt am Vormittag und bleibt bis zum frühen Nachmittag, die andere wird vom Nachmittag bis in den Abend hinein unterrichtet. Unter den Flüchtlingen sind einige Lehrer, die mithelfen. Oben auf Camp Hoffnung, wie das vertikale Dorf offiziell heißt, wird zusätzlich mehrmals in der Woche Englisch- und Französischunterricht erteilt, es finden Nähkurse statt, in einem Kindergarten werden die Kleinsten beschäftigt, es gibt Frauentreffen, manchmal abends Filmvorführungen und mehrmals in der Woche Gottesdienste. „Es gibt da keinen festen Plan", meint James, „verschiedene Geistliche kommen, wenn sie können, und dann kommen die Leute, die gerade da sind, zum Gottesdienst zusammen. Es interessiert kaum noch jemanden, zu welcher Denomination der jeweilige Geistliche gehört; wir sind einfach nur noch Christen und feiern gemeinsam unseren Herrn."

In einem kleinen Raum mit Klimaanlage liegen besondere Verpackungspapiere, Kartons und einige alte Manuskripte bereit; an einer Tafel stehen die Angabe von Temperatur und Luftfeuchtigkeit der letzten Wochen: Hier wird unterrichtet, wie alte Manuskripte und Bücher für die Nachwelt erhalten und gelagert werden können. Experten aus Italien, Japan und Deutschland nehmen Anteil an diesem Projekt; einige sind hier gewesen und haben die hiesigen Mitarbeiter beraten, andere haben die besonders antioxidierenden Papiere und andere Materialien geschickt. Wir wundern uns; ein Buchkonservierungsprojekt ist wirklich nicht das, was wir im Obergeschoss eines halb fertigen Gebäudes erwartet hätten, aber an dieser Stelle lernen wir etwas über ganz besondere „Flüchtlinge" aus Mossul und Karakosch: alte Bücher und Manuskripte. Vater Najeeb hatte in Karakosch zwei hoch technisierte Studios zur Digitalisierung der alten christlichen Quellen, manche bis zu tausend Jahre alt. 2008, als wieder einmal Islamisten in Mossul ihr Unwesen trieben, schafften er und seine Mitarbeiter ihre Bibliothek Buch für Buch aus der Stadt und brachten sie nach Karakosch in Sicherheit. Er konnte oder wollte nicht glauben, dass der IS auch Karakosch einnehmen würde, und blieb bis ganz zuletzt. „Aber dann ging es nicht mehr", erzählt Hamit, der aus Vater Najeebs Gemeinde stammt und die Stadt schon verlassen hatte. „Der IS kam in der Nacht. Wir haben Vater Najeeb noch um halb eins angerufen und gewarnt, er solle sofort aus Karakosch raus, und so hat er einen Teil seiner Bücher außerhalb der Stadtgrenze gebracht. Wir haben dort nachts um vier mit einem Pritschenwagen auf ihn gewartet – auf der einen Seite von uns war der IS, auf der anderen die Peschmerga. Die ganze Zeit wurde um uns herum geschossen. Ich habe nur gedacht: Das ist meine letzte Nacht. Es gab einen kurdischen Kontrollpunkt dort und Vater Najeeb durfte seinen Wagen nicht mitnehmen, also hat er die Bücher ausgeladen und wir haben sie auf mein Auto gepackt und nach Erbil gebracht. Was war das für eine Nacht! Erst einige Tage später haben wir auch sein Auto nachholen können." Rund 550 Manuskripte und 2000 Bücher konnten in dieser Nacht gerettet werden. „Es ist doch Teil unseres kulturellen Erbes! So viel wird vom IS zerstört und manche unserer historischen Gebäude werden umfunktioniert", entrüstet sich einer der Mitarbeiter im vertikalen Dorf. Aus Orten der Hochkultur und des Segens werden Orte des primitiven Terrors: In einem Kloster in Mossul werden Jesiden gefangen gehalten, aus der Dominikanerkirche ist ein Gericht geworden, in dem bei Verstößen gegen die Scharia die drastischsten Strafen verhängt werden. Nun hausen die geretteten Manuskripte, wie die Menschen, in provisorischen Notunterkünften – einfachen Stahlschränken – und werden nach und nach in den vergleichsweise primitiven Studios einer anderen Flüchtlingsunterkunft weiter digitalisiert. Merkwürdig findet es hier niemand, dass man sich um alte Bücher sorgt, während gleichzeitig das Essen knapp wird. Diese Schriften haben schon so viele Kriege und so viele Generationen von Menschen überlebt.

Eine Familie können wir ein bisschen kennenlernen: Kareem bittet uns in das vielleicht drei mal sechs Meter kleine Zimmer mit PVC-Boden, in dem er mit seiner Frau, drei Töchtern und einem Sohn lebt. Er ist Poet und Chefredakteur einer 14-tägig in Syrisch, Kurdisch und Arabisch erscheinenden Zeitung. Daneben unterrichtet er Geografie und Geschichte. Die Familie aus Karakosch hat im letzten Sommer eine lange Flucht hinter sich gebracht. Als sie zum ersten Mal in Erbil Unterkunft suchte, wurde sie weggeschickt: Es gab nichts Verfügbares. Kareem und seine Familie zogen weiter in den Norden, in ein kleines Dörfchen, aber dort konnten sie nicht bleiben. Sie schlugen sich wieder nach Erbil durch, und diesmal sagte niemand mehr, dass es keine Unterkunft für sie gebe. Es gab ohnehin keine Unterkünfte mehr, für niemanden, aber die Menschen strömten trotzdem in die Stadt und schufen ihre eigenen Camps. Besma, die Große, hat vor über einem Jahr ihr Englischstudium unterbrechen müssen; heute war sie zum ersten Mal wieder an einer Uni. Die Universitäten der Region haben halbformale neue Hochschulen mit Akkreditierungsprogrammen eingerichtet, um zumindest einigen Studenten einen Abschluss zu ermöglichen. Wo würde sie gerne in zehn Jahren sein? „Am liebsten Professorin an einer Universität!", platzt Besma heraus. Valley, die vor über einem Jahr die Schule abgeschlossen hat, hofft auf einen Pharmazie-Studienplatz. Sofia, das Nesthäkchen, kommt in die siebte Klasse. „Sie war die Klassenbeste, hatte 98 % der Leistung", berichtet die Mutter stolz, „wir hoffen, dass sie auch in der neuen Schule so gut zurechtkommt." So viel Intelligenz, wie auf den 18 Quadratmetern dieser Familie steckt, reicht ja für die ganze Etage! „Ha!", raunt mir Kareem verschwörerisch zu, „das kommt daher, dass ich keine Verwandte geheiratet habe, wie es bei uns oft vorkommt, keine von meinen Großcousinen und Tochtertanten zweiten Grades! Ich habe meine Frau vom ersten Tag an geliebt. Ich habe sie über einen Gartenzaun gesehen und wusste, dass ich sie heiraten wollte. Ich habe ihren Onkel angespitzt, bei ihrem Vater um ihre Hand anzuhalten ..." Er kommt ins Schwärmen, als er ihre Lebens- und Liebesgeschichte erzählt, und seine Frau sitzt neben ihm und lächelt still. Es tut gut, eine Geschichte von Freude und Zuneigung zu hören neben all den schlimmen, die wir sonst erzählt bekommen.

Als wir wieder unten, buchstäblich am Fuß des Dorfes, ankommen und Claudia ums Haus herum noch einige Fotos macht, komme ich mit James ins Gespräch. „Und was ist deine Geschichte?", frage ich ihn. Ich habe bisher nur mitbekommen, dass er Englisch spricht wie ein Muttersprachler, länger in Bagdad gelebt hat, diverse Universitätsabschlüsse besitzt und bis vor Kurzem bei einem Ölunternehmen im Süden angestellt war. Er sieht nicht so aus, als hätten ihn schon seine Eltern James genannt, doch für mich soll der neue Name, den er sich gegeben hat, an dieser Stelle reichen. „Was hat dich hierher nach Erbil verschlagen?" Ich weiß auch nicht, warum ich diese Frage immer wieder stelle, die Antwort ist ja doch immer die gleiche: Jahrelanger Terror hat die Leute vertrieben. „Bedroht worden. In den Süden nach Basrah gezogen. Wieder bedroht worden. Nach Bagdad zurückgekommen", gibt James lakonisch die Kurzfassung wieder, „und wieder bedroht worden. Das letzte Mal war im Juni 2014. Sie kamen zu sechst und haben mir eine Kalaschnikow an den Kopf gehalten. Meine Mutter ist vor Angst fast ohnmächtig geworden und ich konnte nicht einmal zu ihr hin und ihr helfen. Kämpfen konnte ich in dem Moment auch nicht:

Sechs Leute und eine Kalaschnikow waren mir zahlenmäßig eindeutig überlegen ... Ein Nachbar hat sich für mich eingesetzt. Ich bin mit dem Leben davongekommen, aber sicher war ich nicht mehr. Wir sind sofort weg aus Bagdad. Mit meiner Mutter und meinem Bruder und einem Koffer für uns alle drei habe ich mich erst durch Schießereien in Bagdad hindurch zu meinem Auto und dann mit meinem Navigationsgerät an den Grenzen des Irak entlang bis nach Kurdistan durchgeschlagen. Ich kannte hier niemanden, hatte nur ein paar Namen von Leuten, an die ich mich wenden konnte. Und jetzt leben wir hier." Wie überlebt man psychisch und geistlich jahrelange Einschüchterungen? „Man klammert sich in einem Ozean von Gewalt an Jesus fest", sagt James mit einem Schulterzucken. „Tage-, wochen-, jahrelang. Und irgendwann sieht man dann Land in Sicht."

Am Nachmittag können wir noch „unsere Restaurantfamilie" besuchen, wie wir sie GAiN-intern getauft haben. Als wir den alten Herrn aus Karakosch und seine Sippe vor einem Jahr kennenlernten, waren sie gerade erst in den Schuppen hinter einem bekannten Restaurant in Erbil eingezogen. Der Besitzer lässt sie immer noch kostenlos dort wohnen, versorgt sie mit Lebensmitteln und hat einem der Männer Arbeit im Restaurant gegeben, sodass wenigstens ein bisschen Bargeld da ist. Abgesehen davon bekommen sie Hilfsgüter von uns. Farid versucht zu organisieren, was sie brauchen. Wir fahren extra noch bei unserer Lagerhalle vorbei und packen Windeln, Babynahrung und acht Schulranzen für die Kinder ein, die in der nächsten Woche ebenfalls zum ersten Mal seit langer Zeit wieder zur Schule gehen können.

Im letzten Jahr habe ich oft an die Familie gedacht; gerade das Bild der hochschwangeren Frau, die ihr Kind in diesem zugigen Schuppen zur Welt bringen würde, ist mir lange nachgegangen. In den Schuppen wurden inzwischen pappdeckeldünne Spanplattenwände eingezogen, sodass jede Familie wenigstens den Anschein einer eigenen Wohnung hat. Der Kleine, Julian, ist inzwischen ein Jahr alt und ein mobiler kleiner Kerl, den man keine Sekunde aus den Augen lassen darf; aber seine vielen Geschwister und Cousins sorgen schon dafür, dass das nicht passiert. Auch der alte Herr ist noch da. Wie auch im letzten Jahr sitzt er am Rand des Trubels, aber er wirkt wacher und gesünder als bei unserem letzten Besuch, als er, gerade erst angekommen, völlig verstört in die Runde blickte. Er lächelt milde, als er uns erkennt, und murmelt vor sich hin: „Alamania, Alamania …“ Es ist gut zu sehen, dass er und die Familie offenbar gut zurechtkommen.

Als uns die Kollegen nach einigen weiteren Besuchen und Gesprächen abends beim Hotel absetzen, können wir noch das Camp direkt gegenüber dem Hotel besuchen: Auf dem Gelände der chaldäisch-katholischen Kirche „Mon Elia" ist nach der Flucht der Christen aus Karakosch eine Art Vorzeigelager entstanden. Im Lauf der letzten eineinhalb Jahre sind von meinen Kollegen mehrmals Fotos vom Obergeschoss des Hotels aus gemacht worden, die das Camp in seinen verschiedenen Stadien zeigen: von den kleinen Campingzelten über größere Armeezelte bis hin zum Containerdorf mit ordentlich gepflastertem Hof, Sport- und Spielplatz, Computerraum, Musikraum und Bibliothek. Ein älterer Herr führt uns stolz herum. Er hilft schon seit sieben Jahren auf dem Kirchengelände mit. Zuerst hat er den Garten betreut, nun die Menschen. Dass sein liebevoll gepflegter Garten den Containern gewichen ist, scheint ihn nicht traurig zu machen. Im „schönsten und saubersten Camp von ganz Erbil", wie er sich sicher ist, wohnen im Moment 120 Familien, 760 Menschen. Jeweils fünf bis sechs Familienangehörige teilen sich einen 18-qm-Container. Sanitäranlagen sind zentral an einer Seite des Platzes eingerichtet. Zwischen die Container sind Planen gespannt, sodass man sich im Halbschatten der Gänge fast vorkommt wie in einem orientalischen Altstadt-Basar. In einem Container treffen wir eine Frau mit ihrer Verwandten und deren Baby. Der kleine Elia ist im Dezember hier geboren und nach der Kirche benannt, die seiner Familie Unterschlupf gewährt hat. Sie sind, wie alle anderen hier auch, aus Karakosch gekommen und leben seit August 2014 hier. „Als wir ankamen", erzählt unsere Gastgeberin, „hat die UN einen Aufruf gemacht: Man konnte sich registrieren lassen, wenn man ins Ausland emigrieren wollte. Das ist jetzt ein Jahr und drei Monate her. Wir haben von der ganzen Sache bisher nichts weiter gehört. Wir bleiben hier, bis wir emigrieren können, wann auch immer das ist. Wo sollen wir denn sonst hin? Wir haben Angst um unsere Kinder." Aber auch im Paradies-Camp stehen neuerdings die Zeichen auf Notlage: „Im August haben uns die Vereinten Nationen die Essensrationen gestrichen. Es gab nicht einmal eine Vorwarnung. Wir bekamen die übliche Monatslieferung für unsere Leute und dabei hieß es: ‚Das ist jetzt die letzte Lieferung.' Wir machen uns große Sorgen", gesteht unser „Menschen-Gärtner". Es gibt nicht genug Arbeit, dass die Leute sich selbst versorgen können – sonst würden sie es ja längst tun. Die UN hat offenbar nicht mehr so viel Geld zur Verfügung wie bisher; auch in anderen Gebieten, so bekommen wir im Gespräch mit anderen Hilfsorganisationen mit, sind Leistungen massiv gekürzt worden. Die kurdische Regierung hat für die Flüchtlinge kein Geld übrig; was die UN und die Weltgemeinschaft nicht leisten können, wird zum großen Teil von den christlichen Kirchen und Organisationen aufgefangen. Farid und unsere Partnerorganisation überlegen, ob wir bei Mon Elia mit Lebensmittel- und Kleidungslieferungen mithelfen können, aber die Verantwortung für über 100 weitere Familien kann man angesichts der unsicheren Spendenlage nicht leichtfertig übernehmen! Ein Ende der Krise und der Flüchtlingsströme ist dabei nicht abzusehen: In Kurdistan kommen 2 Millionen Flüchtlinge auf etwa 6 Millionen Einwohner, und es ist erstaunlich, wie normal das Leben für die ursprüngliche Bevölkerung weiterzugehen scheint. Trotzdem beobachten alle mit Sorge die aktuellen Entwicklungen zwischen Russland und Syrien und dem Rest der Welt. Kommt bald die nächste Welle von syrischen Flüchtlingen auf Kurdistan und auf die Kollegen zu?

DIENSTAG, 6. OKTOBER 2015

Den nächsten Morgen möchte Claudia nutzen, um die Mobile Klinik zu fotografieren, die die Kollegen seit einigen Monaten betreiben: Ein Wohncontainer wurde in mehrere winzige Behandlungszimmer für einen Arzt, einen Zahnarzt, ein Labor und eine kleine Medikamentenausgabe unterteilt. Zu jedem dieser

Räume gibt es einen eigenen Zugang von außen. Der Container steht auf einem Anhänger, der an zwei Tagen in der Woche zu verschiedenen Camps gefahren wird. Im Radio wird jeweils angekündigt, wo die Klinik sein wird, und Flüchtlinge zahlen für die Behandlung einen symbolischen Betrag von umgerechnet knapp einem Euro. Möglich ist das durch ehrenamtliche Helfer, Ärzte und Zahnärzte, die einen Tag pro Woche ihre eigene Praxis geschlossen halten, um sich hier engagieren zu können.

Heute ist die rollende Praxis nicht mobil unterwegs, sondern steht irgendwo am Straßenrand. Zufällig – oder vielleicht auch nicht zufällig, schließlich befinden sich die Flüchtlinge überall! – treffen wir auf 45 Familien, vielleicht 250–300 Leute, die sich in den verlassenen Arbeiterunterkünften einer größeren Fabrik einquartiert haben. Von den Männern sind zehn im Mai nach Europa aufgebrochen; sieben sind in Frankreich gelandet, drei in Deutschland. Darunter auch Hakmet, der Vater des 12-jährigen Marvin. „Sie sind 22 Tage unterwegs gewesen", weiß Marvin, „und über das Meer gefahren. Wir haben große Angst um ihn gehabt und jeden Tag gebetet, dass er heil ankommt." In welcher Stadt sein Vater genau ist, weiß Marvin nicht, nur dass Deutschland „eine wunderschöne Landschaft" hat. Heute ist seine Mutter nach Jordanien gereist, um die Dokumente auszufüllen, die ihr und dem Rest der Familie, dem kleinen Bruder und zwei kleinen Schwestern, das Nachreisen ermöglichen sollen. Vielleicht treffe ich sie alle demnächst in Deutschland wieder?

„Wir wollen alle hier weg", erzählt auch eine junge Frau, mit der wir kurz ins Gespräch kommen. Sie hat ein vier Wochen altes Baby auf dem Arm, den kleinen Matteo, den sie mir für ein Weilchen in den Arm drückt. Der süße Kleine schneidet die üblichen Baby-Grimassen beim Aufwachen und bringt uns alle zum Lächeln. „Ich finde, jedes Baby ist irgendwie ein Stück Hoffnung, dass es eine Zukunft gibt", plappere ich vor mich hin. „Hier nicht", widerspricht Matteos Mutter vehement. „Im Irak gibt es für uns keine Zukunft, und für den Kleinen auch nicht."

Am Nachmittag verteilen wir einige Schulranzen im vertikalen Dorf und gehen dann zu einem Gebetstreffen mit den Kollegen.

Philipp – auch so ein Philipp, der eher aussieht wie ein Ali – fährt uns danach zum Hotel zurück. Claudia versucht gerade ihre vielen Fotosachen auf der Rückbank unterzubringen, aber der Beifahrersitz ist noch frei. „Ist das okay?", deute ich auf den Platz und auf mich. Für einen Muslim wäre es vermutlich verboten, zumindest aber äußerst unangenehm, eine Frau neben sich sitzen zu haben, mit der er weder verheiratet noch verwandt ist. Die Christen sehen das lockerer, aber meistens ergibt es sich doch, dass die Männer vorne und wir Frauen hinten sitzen. Philipp zögert kurz und nickt dann. „Du meine Schwester." Weil er nur einige Worte Englisch spricht, erzählt mir ein Kollege später seine Geschichte. Philipp ist erst seit etwa zwei Monaten Christ, aber auf der Suche nach einem tragfähigen Glauben war er schon seit gut zwei Jahren. Dass es Gott gibt, war ihm als Muslim immer klar, aber er tat sich schwer mit den vielen Lügen und der Gewalt, die er bei seinen Glaubensgenossen beobachtete. Immer schienen sie gegeneinander zu kämpfen und er hatte die Nase voll davon. Die Christen in seiner Umgebung nahm er dagegen als friedlich wahr, als Leute, die keinen Ärger machten. Im Internet, auf facebook und im Gespräch mit christlichen Bekannten versuchte er ihrem Geheimnis auf die Spur zu kommen.

2014 brachte der IS seinen Vater um. Das war der letzte Anstoß, sich intensiv mit dem Christentum zu beschäftigen. Über eine Bekannte landete er bei unserer Partnerorganisation. Die Kollegen nahmen sich Zeit für seine Fragen und so kam er vor Kurzem zum Glauben an Jesus. Er wird es nicht leicht haben in seiner Familie und mit seinen bisherigen Freunden. Und mehr noch als die Christen, die in christliche Familien hineingeboren werden, wird er sich auf Drohungen und auf Gewalt bis hin zum Mord einstellen müssen; das weiß hier jeder Muslim, der Christ wird.

Leider können Philipp und ich uns nicht so gut miteinander verständigen, dass ich ihm sagen kann, wie sehr es mich ehrt, dass ich seine Schwester bin.

Wir ruhen uns kurz im Hotel aus und wollen gerade losgehen, um uns Brot und Käse zu einem kleinen Abend-Picknick auf dem

Zimmer zu kaufen, als überraschend das Hoteltelefon klingelt: Ahmed ist extra hergekommen, um seiner deutschen Mama Hallo zu sagen. Ahmed ist der junge Mann, der uns im letzten Sommer so unermüdlich bei Verteilaktionen in den syrischen Camps geholfen hat, obwohl er nachts einen Hoteljob hatte. „Das war so ein verrückter Monat", meint er selbst im Rückblick, „ich glaube, ich habe in dem ganzen Monat kein Auge zugetan!" Als wir damals feststellten, dass ich vom Alter her seine Mutter sein könnte – in seiner Kultur erst recht –, haben wir uns angewöhnt, uns gegenseitig im Scherz als „deutsche Mama" und „arabischer Sohn" anzusprechen, und so sitzen wir jetzt noch ein Stündchen in der Lobby zusammen. Ahmed ist in Mossul aufgewachsen und kann zu wenigen seiner früheren Freunde dort noch Kontakt halten. Sie wissen nicht, dass er schon seit Jahren Christ ist, und er achtet auch in den sozialen Medien darauf, für sie nicht auffindbar zu sein. Ich weiß nicht, ob das wirklich funktioniert – wie so viele junge Christen ist er auf facebook ziemlich aktiv, postet Bibelverse, Links zu christlichen Seiten und Fotos mit „verdächtigen" Menschen, Christen aus dem Ausland wie uns. Sein bester Freund aus der Schulzeit ist jetzt Offizier beim IS, das hat er selbst kürzlich im Internet herausgefunden. „Wenn wir uns heute begegnen würden, würde er mich wohl ohne groß nachzudenken umbringen", meint Ahmed traurig. Ein anderer Freund hat ihm von einem Altersgenossen berichtet, der auf der Straße von IS-Kontrolleuren bei irgendeinem kleinen Vergehen erwischt und verprügelt wurde. Er hat sie in seinem unbedachten Zorn angespuckt – und sie haben ihm den Kopf abgeschnitten. Nach allem, was nur noch durch solche informellen Kanäle nach draußen klingt, ist das Leben in Mossul inzwischen auch für fromme Muslime die reinste Hölle und nicht das versprochene Paradies. „Und das Schlimme ist, dass die Leute nicht mehr weg können", regt sich Ahmed auf. Man verlangt ihnen rund 1000 Dollar ab, um die Stadt zu verlassen, und so viel Geld hat fast niemand mehr, nachdem die Stadt über ein Jahr lang quasi von innen heraus belagert wurde und der IS den Waren- und Geldverkehr kontrolliert.

MITTWOCH, 7. OKTOBER 2015

Auch Josua, unseren studentischen Mitbewohner und Übersetzer vom letzten Jahr, spreche ich am nächsten Tag auf dem Weg nach Dohuk, einer Stadt im Norden der kurdischen Autonomieregion, auf die Lage in Mossul an. Er bekommt über frühere Studienkollegen noch einiges mit. An seiner Uni finden Vorlesungen und Seminare nur noch getrennt nach Geschlechtern statt; die Frauen müssen den Nikab tragen, und Kontakte zwischen Studierenden beiderlei Geschlechts sind nicht mehr erlaubt. Sein Studentenleben sah vor eineinhalb Jahren noch ganz anders aus! Wie es mit Mossul weitergehen wird, darüber machen sich viele Flüchtlinge Gedanken. Sie rechnen damit, dass weitere Familien die Stadt verlassen werden, sobald sie die Möglichkeit bekommen. „Da oben rechts wird gerade ein neues Camp für 500–600 Familien errichtet, siehst du? Es wird schon lange darüber gesprochen, dass Mossul zurückerobert werden soll, aber bisher ist es noch nicht passiert." Josua ist traurig, wenn er an diese Rückeroberung denkt. Längst haben sich ja IS-Kämpfer in den Häusern der Geflüchteten, über die ganze Stadt verteilt, einquartiert, und weil sich alle Männer Bärte wachsen lassen müssen, kann man auch nicht mehr auseinanderhalten, wer ein Extremist ist und wer nicht. „Das wird eine furchtbare Straßenschlacht werden", seufzt er resigniert, „und viele Unschuldige werden dabei umkommen, wenn sie nicht rechtzeitig flüchten können. Und die wirklich Schuldigen kommen ja doch wieder davon."

Josua habe ich letztes Jahr auch deshalb so ins Herz geschlossen, weil ihm die Not anderer Menschen so naheging – egal, zu welcher Bevölkerungsgruppe sie gehörten.

Seit einiger Zeit besucht Josua zusammen mit einer Handvoll Freunde samstags ein großes sunnitisches Flüchtlingslager. Obwohl der IS als sunnitische Terrororganisation diesen Menschen rein theologisch am nächsten steht und sogar schiitische Muslime, die nicht zum „wahren" sunnitischen Glauben übertreten wollen, ausrotten möchte, gibt es auch jede Menge sunnitischer Flüchtlinge, die um ihr Leben gelaufen sind, als der IS sich in Mossul einnistete. Manche haben für die Regierung oder

Stadtverwaltung gearbeitet, die der IS nun ersetzt hat, und gelten nicht als linientreu, andere waren einfach nicht radikal genug und wollten nicht in einem sunnitischen Gottesstaat leben.

In dem Lager, in das Josua regelmäßig geht, leben 1200 Familien, also vermutlich 6000 oder 7000 Menschen. Für sie hat es bis heute keine Wohncontainer gegeben und sie haben den letzten Winter und den gerade endenden Sommer in Zelten gelebt. Der Sommer war in diesem Jahr besonders barbarisch mit bis zu 59 Grad Celsius im Schatten und 89 Grad in der Sonne, und die Menschen haben gelitten. Unsere Partnerorganisation kann nicht so viel helfen, wie sie gerne würde, aber Josua und seine Freunde gehen einfach hin, um den Menschen wenigstens zuzuhören, für sie da zu sein und Beziehungen zu knüpfen. Viele dieser Muslime, denen ihr Leben lang der Hass auf Christen eingebläut wurde, sind berührt und auch ein bisschen verwirrt über diese jungen Leute, die einfach nur kommen, um freundlich zu sein.

Josua ist selbst verwundert, was sich, gerade auch geistlich, unter diesen Menschen tut. Viele von ihnen sind fromme Muslime, denken in religiösen Kategorien und möchten Gott gefallen. Es sieht so aus, als lernten sie ihn auf eine neue Art kennen, die sie selbst überrascht. „In diesem Lager gibt es eine ganze Reihe Leute, denen Jesus im Traum oder in Visionen erschienen ist. Eine Frau ist ganz aufgeregt zu uns gekommen, als wir das letzte Mal da waren. Sie hatte einen Traum gehabt, in dem ein Mann auf einem Thron saß, und er leuchtete von innen, und neben ihm standen zwei Engel und alles dort war wunderschön. Die Frau hat sich gewundert und sehr dorthin gezogen gefühlt und sie hat im Traum gefragt: ,Wer ist das?' Und die Antwort bekommen: ,Issa Masi', das ist die arabische Bezeichnung für Jesus, den Messias. Sie hatte so viele Fragen! Und ein Mann ungefähr in meinem Alter hatte meine Nummer von einem meiner Besuche behalten und hat mich in den letzten Wochen mehrmals angerufen, weil er so viel über unseren Glauben wissen wollte: Drei-, viermal ist ihm Jesus im Traum begegnet, und jetzt will er wissen, wer das eigentlich ist. Am Samstag werde ich ihn treffen, wenn wir wieder dort sind." Es ist gut, dass es auch die christliche Radiostation unserer Kollegen gibt, die diese persönlichen Kontakte ergänzt. Inzwischen sind in diesem Lager so viele Menschen Christen geworden, dass sie ihr eigenes kleines Zeltdorf innerhalb des Lagers gegründet haben. Von ihren Sippen und Familien sind sie – zumindest vorerst – verstoßen worden; ihr neuer Glaube ist ihnen das wert.

Neben unserer Partnerorganisation in Erbil, mit der ich im letzten Jahr vor allem zu tun hatte, unterstützen wir in der Region um Dohuk die einheimische Hilfsorganisation CAPNI, deren Gründer und Leiter Vater Emanuel ist, mit Geldern und Hilfslieferungen. Diesmal sind wir mit Yaver unterwegs, unserem CAPNI-Ansprechpartner. Wie würde er die Situation der Flüchtlinge in einem Satz zusammenfassen, frage ich ihn. Seine Antwort ist deutlich und deprimierend: „Sie leben von einem Tag zum anderen. Sie erwarten nichts mehr. Sie hoffen auf nichts mehr. Der einzige Weg, den sie aus dem Leid heraus sehen, ist der Weg nach Europa."

Mit Yaver besuchen wir eine Gruppe Jesiden, die sich in einem Rohbau einquartiert hat. Ein sachlich-neutrales Wort wie „Rohbau" kann nicht annähernd wiedergeben, wie erbärmlich die Zustände sind, in denen diese Ärmsten unter den Flüchtlingen hausen. Das bisher einstöckige, nach einer Seite offene Gebäude ohne Fenster, das vielleicht einmal eine Lagerhalle oder ein kleiner Supermarkt wird, hat einen groben Betonboden. Es zieht durch Ritze im Mauerwerk. Die Familien haben eine Stromleitung des nahe gelegenen Wohnblocks angezapft. Das ist natürlich nicht legal und sie nehmen nur so viel Strom, wie sie für drei Lampen im hinteren Teil der Unterkunft brauchen. Dort herrscht ein ständiges Dämmerlicht, dort wird gekocht, gespült und, wenn es kalt wird, gelebt. Bis heute haben diese Familien keine Sanitäranlagen, weil die Besitzverhältnisse des Gebäudes nicht geklärt werden konnten und der Besitzer deswegen nicht um Erlaubnis gefragt werden konnte.

Ich kann kaum glauben, dass hier 13 Familien wohnen sollen, 77 Personen insgesamt. Sie sind alle zusammen am 3. August 2014 aus dem Dorf geflüchtet, in dem ihre Vorfahren schon seit einem Jahrhundert gelebt hatten. „Wir hatten keine Zeit mehr, etwas mitzunehmen, als der IS kam", erzählt Halim, ein früherer Lehrer und siebenfacher Vater, der so etwas wie der Leiter der Gruppe zu sein scheint. „Wir sind einfach losgelaufen und sie waren nur 200 Meter hinter uns." Auch ihre Autos müssen sie zurücklassen, weil die Straße für Autos nicht freigegeben ist. Sie laufen 12 Stunden lang, Erwachsene, Alte und Kinder, bis zum Sindschar-Gebirge, verbringen die Nacht auf dem Berg, brechen am nächsten Morgen um 6 Uhr auf und laufen weitere 13 Stunden bis zur syrischen Grenze. Dort werden sie von PKK-Kämpfern über die Grenze nach Syrien gebracht und mit Essen versorgt. Sie können sich eine Weile ausruhen, dann werden sie an die irakische Grenze zurückgebracht. Die Familien kommen zunächst in Dohuk in einer Sporthalle unter, dann ab Oktober in diesem Rohbau. Das Schicksal der Freunde und Verwandten, die tagelang in Kälte und Hunger auf dem Sindschar festsitzen, ist ihnen zwar erspart geblieben und sie haben alle überlebt, aber ihre Flucht hat sie geradewegs in ein neues Elend geführt. Inzwischen haben sie einen Winter und einen Sommer hier überstanden. Im Sommer gehen die Temperaturen bis auf 59 Grad im Schatten hoch, im Winter gibt es bei Temperaturen um den Gefrierpunkt Schnee, und die Nässe verwandelt den Boden vor dem Bau in ein Schlammfeld.

„Der Winter war weitaus schlimmer als der Sommer", sagt Halim. „Wir haben so schrecklich gefroren. Wir hatten 100 Liter Kerosin und einen Heizer, aber damit kommt man ja bei Minusgraden nicht weit. Für unsere alten Leute, die sich nicht viel bewegen und eigentlich die meiste Zeit in einem Zimmer sitzen, war es am schlimmsten. Wir haben sie in zwei, drei Decken gewickelt, aber ihnen ist nie warm geworden."

„Zimmer" ist übrigens auch eine recht wohlwollende Bezeichnung für die vier vielleicht fünf mal fünf Meter großen Abteile, die mit Plastikplanen innerhalb des großen, offenen Raums geschaffen wurden. Ein Stapel Matratzen liegt in jedem Zimmer ordentlich an der Wand gestapelt, die Möbelstücke beschränken sich ansonsten auf eine Handvoll schmuddeliger, völlig durchgesessener Polstermöbel im Eingangsbereich. Dorthin werden wir gebeten. Und wir werden bewirtet. Ich bin immer wieder beschämt über die Gastfreundschaft aller Menschen, denen wir begegnen. Und die interessantesten Dinge erfährt man oft auch erst nach einem offiziellen Interview, wenn man noch bei einem Tee oder türkischen Kaffee das Gespräch seinen Lauf nehmen lässt. „In unserer Gegend gibt es auch viele Jesiden", erzähle ich, „und letztes Jahr war ich mit einer Kollegin zum Ida Ezî-Fest eingeladen. Das war eine große Ehre. Und es hat mich bewegt, dass es keine Musik und keinen Tanz gab, weil alle getrauert haben."

„Ja", stimmt Halim mir zu, „das ist hier auch so. Jede Familie hat Angehörige verloren, wir gehen durch eine Zeit der tiefsten Not und Trauer. Unsere geistlichen Führer haben auch eine offizielle Zeit der Trauer ausgerufen. Bis auf Weiteres soll niemand heiraten oder ein Familienfest feiern."

Was sind ihre Hoffnungen und Wünsche für die Zukunft? „Der Vater des kleinen Jungen hier ist schon seit einem Jahr in Deutschland", erzählt Halim und deutet auf ein Kind. „Und da wollen wir alle hin. Wir Jesiden passen gut nach Deutschland, finden wir, und viele von uns haben dort ja schon Verwandte. Und dort gibt es viele Christen, das ist gut. Die Christen sind friedliche Menschen, und wir sind es auch. Die Leute aus den Wohnblocks hier nebenan sind auch Christen. Sie sind freundlich zu uns und helfen uns. Es sind gute Menschen."

Ob und wann sie je ausreisen, ist völlig offen. Sie haben im Moment dringendere Sorgen. „Im Moment graut uns vor allem vor dem Winter."

DONNERSTAG, 8. OKTOBER 2015

Wir schauen noch kurz bei Vater Emanuel vorbei, der eigentlich seine erste Gliederung für das geplante Vorwort mit mir durchgehen wollte. „Es tut mir leid, dass ich noch nicht dazu gekommen bin, etwas aufzuschreiben", empfängt er uns jedoch, „aber wir hatten wieder eine schlimme Situation in Syrien. 240 Gemeindeglieder, die alle in einem Dorf lebten, werden dort seit Monaten gefangen gehalten. Gestern sind drei von ihnen erschossen worden und die Entführer haben angedroht, jeden Tag drei weitere zu erschießen, wenn nicht ein Lösegeld bezahlt wird." Obwohl

die Forderung schon von 27 auf neun Millionen Dollar herunter-
gehandelt worden ist, sind die Familien natürlich völlig außer-
stande zu zahlen. Die Kirchenführung versucht mit den Entfüh-
rern zu verhandeln. „Es ist wohl diesmal nicht der IS, sondern
irgendeine Gruppe, die sich den allgemeinen Terror zunutze
macht", seufzt Vater Emanuel. Der IS erpresst normalerweise
kein Lösegeld, und anstatt Menschen zu erschießen, köpft er
sie lieber. Diese Terroristen eifern dem IS insofern nach, als sie
nun auch ein Hinrichtungsvideo veröffentlichen wollen. Für die
Betroffenen macht es ohnehin keinen Unterschied, ob sie nun
vom IS oder von „seinen Schwestern", wie man im Arabischen
sagen würde, drangsaliert und umgebracht werden. „Und wir
können nichts machen!" Wir verabschieden uns schnell; Vater
Emanuel hat ja momentan wirklich Wichtigeres zu tun. Gerade
vorgestern ist er aus Deutschland zurückgekehrt und ich frage
mich, wie er den ständigen Wechsel von deutscher Normalität
und finsterstem Terror in nächster Nähe aushält.

Nicht weit entfernt sterben immer noch täglich Menschen
beim Kampf gegen den IS, und nur 75 Kilometer von hier werden auf Sklavenmärkten jesidische und christliche Frauen verkauft. Für eine Frau in meinem Alter bezahlt man so viel wie wir
gestern zu viert für unser Abendessen; für ein junges Mädchen
so viel wie für unsere beiden Hotelzimmer. In der Nähe des
Flüchtlingslagers, das wir heute besuchen wollen, ist ein besonderes Camp für die Mädchen und Frauen eingerichtet worden,
die aus der Sklaverei entkommen oder befreit werden konnten.
Sie werden dort psychologisch betreut. Was sie durchgemacht
haben, wäre auch in unserer individualistischen westlichen Welt
kaum zu bewältigen; was wird wohl aus diesen Ärmsten in einer
Kultur werden, in der die Ehre der Familie, in der Unschuld und
Unberührtheit so hoch gehalten werden wie hier?

„Eigentlich bräuchten 70 bis 80 Prozent der Flüchtlinge eine
Traumabehandlung"; meint Alima, eine Mitarbeiterin von CAP-
NI, die wir gestern nur kurz kennengelernt haben. Heute wird
sie uns zu einem der größeren Camps begleiten. „Nicht alle se-
hen selbst ein, dass sie psychologische Hilfe brauchen, aber ihre
Nachbarn und Freunde merken dafür umso mehr, dass da was

nicht stimmt." Alima verzieht das Gesicht: „Na ja. Wir hätten ohnehin nicht die Kapazitäten, sie alle zu betreuen." Ich schließe die mitfühlende kleine Muslima mit den wachen Augen sofort ins Herz. Sie bringt heute von CAPNI aus einige Hilfsgüter ins Lager und kann uns dort einführen. Man kann schließlich nicht einfach so in ein Camp spazieren, Fotos machen und Interviews durchführen, und wir sind dankbar, dass CAPNI uns eine erfahrene Mitarbeiterin zur Seite stellt.

Im Lager Dawudiya, schon fast an der Grenze zur Türkei, leben zurzeit 780 Familien, „4528 Personen", wie die Camp-Chefin Ghada auch ohne nachzuschauen weiß. Sie ist eine unerwartet freundliche, unerwartet junge Kurdin – von offiziellen Behörden haben wir an anderer Stelle auch schon manche Unfreundlichkeit erlebt. Sie hat sich bisher ihr Lächeln erhalten können. „Das erste Baby ist drei Tage nach der Gründung dieses Camps geboren, am 9. Januar 2015, und so ist es immer weitergegangen. Ständig werden Kinder geboren, und viele Leute heiraten auch. Der Satz, den ich am meisten höre, ist: ‚Wir brauchen mehr Platz!'" Jeweils sieben Personen wohnen in einem Container zusammen; wenn zu einer Familie mehr Leute gehören, bekommt sie einen zweiten Container. Es wäre gut, mehr Wohnraum zu schaffen und das Camp zu erweitern, aber der Grund und Boden, auf dem es steht, ist nur gepachtet und der jetzige Zaun markiert schon die äußerste Grenze. In verschiedenen Abschnitten des Camps wohnen unterschiedliche Volksgruppen: Die meisten sind Jesiden aus der Sindschar-Region, 15–20 Prozent sind Christen. Türkische und kurdische Familien, die aus Mossul flüchten mussten, machen nur einen kleinen Teil aus, 27 Familien. „Das war keine Absicht, dass sie so getrennt leben; wir wollen die Leute nicht auseinanderhalten. Es hat sich einfach so ergeben", erklärt Ghada. „Wir haben die Menschen aus den unterschiedlichen Dörfern hier im Umland zusammengezogen, in denen sie vorläufig Unterschlupf gefunden hatten. Und weil die unterschiedlichen Gruppen zu unterschiedlichen Zeiten ankamen, haben sie das Lager eben so besiedelt, wie es sich ergab." Im Kindergarten, für den Alimas Herz besonders schlägt, und in der Schule treffen an diesem Ort die unterschiedlichen

Religionen und Kulturen ohnehin aufeinander. Gerade gab es einen Malwettbewerb zum Thema „Friedliches Zusammenleben der Religionen"; die schönsten Entwürfe wurden prämiert und als Wandmalereien auf den Kindergarten-Containern verewigt. „Und das ist so nötig", seufzt Alima. „Spannungen gibt es natürlich immer wieder auf so engem Raum ... Es gibt noch viel zu tun, aber wenn wir mit der jungen Generation nicht anfangen, klappt das mit dem friedlichen Zusammenleben auch in Zukunft nicht." Der Schulunterricht und das Betreuungsprogramm finden auch hier in verschiedenen Schichten statt, um den Platz und die Personalkapazitäten möglichst gut auszunutzen.

Zum Glück klappt es manchmal eben doch mit der Völkerverständigung. Zwei Jungs fallen uns gleich als dicke Freunde auf: Noor aus einer Christenfamilie und sein Freund Khyri aus einer Jesidenfamilie sind beide 15 und schon seit ihrem ersten Treffen unzertrennlich. „Ich war da am Jugend-Spielfeld", beschreibt Noor die Begegnung, „und Khyri war auch da. Da hab ich gesagt: ‚Stellen wir uns doch einander vor!' Und das haben wir gemacht. Er ist mein Freund. Wir stehen zusammen gegen alle anderen."

Wir beschließen, die beiden Familien zu besuchen, die durch die Freundschaft der Jungs verbunden sind, aber doch vermutlich für verschiedene Hintergründe und Stimmen im Camp stehen. Wir sind noch nicht weit gekommen, als uns mitten auf dem Weg ein älterer Herr anspricht. Seine Flucht aus Mossul ist schon eineinhalb Jahre her, aber er begrüßt uns mit den Worten, die ich im letzten Jahr schon so oft gehört habe: „Sie haben mir alles abgenommen!" Dawod ist 74 und lebt mit seiner Frau und einem erwachsenen Sohn in einem Container. „Sie haben unser Gold genommen, unsere Dokumente, auch die Papiere von unserem Haus. Der IS hat eine Markierung angebracht, dass unser Haus nun ihnen gehört. Sie haben meinen Sohn verflucht und wir sind mit nichts als unseren Kleidern am Leib geflüchtet." Er ist immer noch ganz aufgebracht und traurig. „Zuerst haben wir acht Monate in einer Kirche hier in der Nähe gewohnt und die Gemeinde hat sich um uns gekümmert. Dann wurde angeordnet, dass wir hier leben sollten, also ist der Priester zu uns gekommen und hat uns das gesagt. Hier haben wir gar nichts.

Wir sind von anderen Leuten abhängig." Ich weiß nicht, was ich diesem alten Herrn sagen soll, der im Alter meines Vaters ist, aber zwanzig Jahre älter wirkt. Das bisschen Zuhören, das ich ihm bieten kann, schafft ihm doch keine Perspektive. „Hier im Lager sind wir weder richtig tot noch richtig lebendig."

Der Besuch bei Noors Familie gestaltet sich fröhlicher. Seinen Vater Issa mag ich mit seinem verschmitzten Lächeln sofort, sein Bruder bringt uns mit seinen Versuchen, auf möglichst jedem von Claudias Fotos zu erscheinen, zum Lachen, und seine Mutter Nawal, eine lebhafte Frau Ende Dreißig, lädt uns gleich zum Mittagessen ein: Sie hockt auf dem PVC-Boden ihres Containers und bereitet gerade Dolmas zu, das Lieblingsessen vieler Menschen aus Mossul. „Wir haben in einem kleinen Dorf bei Mossul gewohnt", erzählt Nawal, „und erst haben uns Freunde, dann auch unser Priester angerufen: ‚Der IS kommt!' Wir haben nichts mitnehmen können außer unseren Ausweisen. Eigentlich wären wir jetzt übrigens zu fünft; ich war schwanger, als wir fliehen mussten. Aber das Kind habe ich verloren. Wir sind erst in einem Rohbau untergekommen, dann in einem Stall. Da ist Issa von einem Skorpion gebissen worden, aber ihm ist nichts passiert. Ich bin mir sicher, Gott hat ihn beschützt." Wie lebt es sich hier im Lager, frage ich sie. „Ich bin hier sicher und meine Familie ist sicher. Das ist das Wichtigste. Ich habe Frieden im Herzen und ich mag alle Menschen. Das spüren sie auch, und im Gegenzug mögen sie auch mich." Die Nachbarn bestätigen das lächelnd: Jeder hier nennt Noors Mutter „Doktor Nawal", weil sie sich um die Leute kümmert und mit vielen Hausmittelchen für eine Linderung von allerlei Wehwehchen sorgt, auch ohne medizinische Ausbildung. Diese Familie möchte nicht ins Ausland. „Ich möchte eigentlich lieber im Irak leben, aber friedlich und sicher", sagt Nawal leidenschaftlich. „Der Irak ist doch das Paradies, mein Land! Es wäre so gut, wenn wir mit allen Religionen in Frieden zusammenleben könnten."

Es sind in der Tat schon einige Leute in ihre Dörfer zurückgekehrt, das hat uns auch Ghada, die Camp-Direktorin, bestätigt. Einzelne Dörfer sind schon vor zehn Monaten zurückerobert worden; einige Männer sind dorthin zurückgekehrt und haben mit dem Wiederaufbau der Infrastruktur begonnen. Wenn wieder Elektrizität und Wasser vorhanden sind, können im Prinzip auch die Frauen und Kinder zurück – aber bei vielen sitzt die Angst zu tief, als dass sie sich eine Rückkehr im Moment vorstellen könnten. Ghada hofft trotzdem, dass in den nächsten Monaten mehr Familien in ihre Heimatdörfer zurückkehren; die Situation im Camp würde es sicher entkrampfen.

Khyri, Noors jesidischer Freund, wohnt nur 100 Meter weiter in einem anderen Abschnitt des Camps, aber besucht haben sich die Familien noch nie. „Die Jungs sind Freunde", sagt Sharaf, Khyris Vater, „und Noor ist ständig hier oder Khyri ist bei ihnen drüben. Aber als Familien kennen wir uns gar nicht. Um ganz ehrlich zu sein, weiß ich nicht einmal, in welchem Container sie wohnen." Mit seiner Frau Zerif, sechs Söhnen zwischen 22 und zweieinhalb Jahren und einer kleinen Tochter lebt Sharaf in zwei Containern, zwischen die eine Plane gespannt ist, um mehr Platz zu schaffen. Weil unser Besuch schon angekündigt wurde, haben wir an der Schwelle noch kaum die Schuhe ausgezogen und uns auf einige Matratzen auf dem Boden gesetzt, als uns bereits Chai und Wasser gereicht werden. Die Familie stammt aus einem kleinen Dorf. Als der IS kam, brachen Sharaf und seine Angehörigen mit fünf anderen Familien auf. Sie konnten ihr Auto und etwas Wasser mitnehmen („und das kleine Fotoalbum, darauf haben die Kinder bestanden!"), aber das half ihnen wenig, als der IS den Sindschar umstellte. „Wir sind dort eine Woche gewesen", erzählt Sharaf. „Es war so furchtbar kalt und wir hatten fast nichts zu essen. Das Wenige, was wir hatten, haben wir mit den anderen Familien geteilt. Dann hat uns die PKK befreit und nach Syrien gebracht, später sind wir dann hierher gekommen. Die Kinder reden heute noch fast jeden Tag davon, wie sehr sie gefroren haben und dass sie nichts zu essen hatten. Vor allem meine kleine Tochter, die war da gerade vier. Mein Jüngster hier ist noch zu klein, um sich zu erinnern. Ich sehe für uns hier keine Zukunft. Am Anfang haben wir noch gedacht, das US-Militär unternimmt etwas und schaltet den IS aus, aber das ist nicht passiert; der IS nimmt immer noch Leute gefangen. Als wir zum ersten Mal gehört haben, dass man uns in Europa aufnehmen würde, haben wir uns gefreut. Aber dann ist ein Tag nach dem anderen vergangen und wir haben nie eine eindeutige Ansage gehört. Es wäre gut, wenn mal jemand deutlich erklären würde, wie das alles funktioniert und wie unsere Chancen stehen. Woher soll also unsere Hoffnung kommen? Es heißt, die UN kümmert sich um solche Dinge. Aber wir sind doch einfache Leute. Wir gehen doch nicht einfach von uns aus zur UN! Eigentlich bin ich Soldat. Neun Jahre lang war ich an der Grenze stationiert, dann in einer jesidischen Einheit. Wir haben immer 10 Tage gekämpft und sind dann zehn Tage bei unseren Familien gewesen. Meine Familie hat sich in der Zeit, wenn ich weg war, natürlich immer große Sorgen gemacht. Ich weiß sogar noch, wie mein Sohn mich einmal auf dem Handy anrief und fragte, wie es so lief. ‚Alles ruhig hier‘, habe ich ihm versichert, ‚es geht mir gut.‘ In dem Moment ist direkt vor mir eine Rakete eingeschlagen – ich weiß nicht, wer mehr erschrocken war, mein Sohn am anderen Ende der Leitung oder ich! So ungefähr alle zwei Monate habe ich meinen Sold von etwa 500 Dollar bekommen. Im Moment gibt es nicht einmal das; das Geld ist ausgegangen. Wir hatten sogar einige Europäer in der Einheit, die an unserer Seite gegen den IS kämpfen wollten. Sie sind irgendwann nach Hause gegangen, weil es nicht genügend Waffen für alle gab. Vor zwei Wochen sind neue geliefert worden, heißt es. Ich würde so gerne wieder für mein Volk und unsere Freiheit kämpfen, auch ohne Sold, und ich habe meinen vorgesetzten Offizier deswegen angeschrieben, damit meine Einheit mir wenigstens das Taxi zahlt. Er hat bisher nicht geantwortet. Es ist schon verrückt. Wir kämpfen gegen den IS und haben nicht einmal das Geld, unseren Transport zur Front zu bezahlen?!"

Die Fahrt vom Flüchtlingscamp zurück nach Erbil verläuft glatt. An drei oder vier Stellen passieren wir Kontrollposten der Peschmerga, aber sie winken uns meistens durch, wenn sie hören, dass Deutsche im Auto sitzen oder wir ihnen unsere deutschen Pässe aus dem Fenster reichen. Es ist total verrückt, wie hoch angesehen mein Volk hier ist: Soldaten wie Zivilpersonen behandeln uns meist ausgesucht freundlich, weil wir in Deutschland

Flüchtlinge aufnehmen, weil wir Hilfsgüter schicken – und nicht zuletzt, weil wir Waffen liefern. So ganz kann ich mich an diese Begeisterung nicht gewöhnen. Ich würde mich nicht als Pazifistin bezeichnen, aber wenn einzelne Kurden mir persönlich dafür danken, dass sie mit Waffen versorgt werden, finde ich das schon etwas befremdlich.

Nicht nur ein deutscher Pass erweist sich an Kontrollposten als hilfreich; auch die Religionszugehörigkeit zählt. Am Rückspiegel unseres Autos baumelt ein Kreuz. „Bist du Christ?", fragt der Soldat Josua beim Blick in seine Papiere. „Ja", sagt Josua und man winkt uns durch. Josuas echter Vorname ist nicht so eindeutig als christlich erkennbar, und so bekommt er diese Frage immer wieder einmal gestellt. Christen sind harmlos und man vertraut ihnen, dass sie keinen Ärger machen. „Vielleicht muss ich mir einfach mal ein größeres Kreuz umhängen", brummelt Josua und betrachtet das kleine Kreuz an seiner Halskette. Viele Christen, die ich seit meinem ersten Einsatz im Irak kennengelernt habe, tragen tatsächlich ein Kreuz um den Hals oder haben sich gar eins auf den Arm oder aufs Handgelenk tätowieren lassen. Auch ich habe gleich an meinem ersten Tag von einer einheimischen Kollegin ein Kruzifix geschenkt bekommen. Ich komme aus einer eher Kruzifix-skeptischen Tradition, aber hier im Irak erscheint es mir ganz naheliegend, es täglich zu tragen. Es ist mir ein Bedürfnis, mich zum Gekreuzigten zu bekennen und zu den Menschen, die um seinetwillen oft genug wie der letzte Dreck behandelt werden. Als Glücksbringer oder weil es „schön" oder „modisch" wäre, trägt hier, glaube ich, niemand ein Kreuz.

Es ist unfassbar: Das gleiche Bekenntnis, das einem an den Kontrollposten Kurdistans manche Erleichterung verschaffen kann, führt ein paar Kilometer entfernt zu Verfolgung und Tod.

Bevor wir in dieser Nacht zurückfliegen, können wir endlich noch ausgiebig mit Tayyip und Djamila reden, die in den letzten Tagen durchgehend beschäftigt waren. Sie wissen, dass ich an diesem Buch schreibe, und wollen aus gutem Grund mitreden, was dort besser unerwähnt bleibt, welches Bild nicht gezeigt und wer auf keinen Fall mit seinem richtigen Namen genannt werden sollte. Ihre Geschichte, die sie Claudia und mir an diesem Abend erzählen und die ich an den Anfang dieses Buches gestellt habe, reicht völlig aus, dass ich ihren Wunsch nach gewissen Sicherheitsvorkehrungen verstehe! Auch seit ihrem Neuanfang in Kurdistan sind sie gelegentlich bedroht worden; wirklich sicher ist es auch hier für sie nicht. Die Tatsache, dass sich in Ankawa, dem christlichen Vorort Erbils, Zehntausende Christen auf einem Fleck befinden, macht ihnen zusätzlich zu schaffen. „Für den IS ist das eigentlich ein ideales Angriffsziel", sagt Tayyip, der sich wundert, dass bisher noch nicht mehr passiert ist. Auf der Strecke, die wir üblicherweise zum Flughafen genommen haben, ist im letzten Jahr nur wenige Wochen nach unserer Abreise eine Autobombe explodiert; es hat einige Verletzte gegeben. Eins der Cafés, in denen wir im letzten Sommer gesessen haben, ist durch einen Selbstmordanschlag in diesem Frühjahr zerstört worden; es gab drei Tote, den Attentäter eingeschlossen. Das ist schlimm genug, aber es könnte viel schlimmer sein. Und vielleicht wird sich die Lage auch wieder verschärfen; Tayyip und Djamila würde das nicht überraschen.

„Denkt nicht, dass wir Helden sind", sagt Djamila aufgewühlt, als wir einander zum Abschied in den Arm nehmen. „Wir haben Angst. Immer. Jeden Tag, jede Stunde haben wir Angst."

Dass sie trotz allem bleiben, hängt mit der Aufgabe zusammen, die sie von Gott her für ihr Volk sehen, und die ist noch nicht abgeschlossen. „Meine Hauptfrage ist: Wie gebraucht Gott unsere Organisation, um die Zukunft des Christentums im Irak zu formen?", fasst Tayyip die Vision ihrer Arbeit zusammen, wie sie sich im letzten Jahr herauskristallisiert hat. „Ich weiß, dass das eine starke Aussage ist, und ich muss das wohl erklären. Das Ziel des IS ist es, das Christentum im Irak auszulöschen, das ist ja ganz offensichtlich. Und ich glaube, dass Gott anstelle des alten ein neues Bild malen möchte. Ich sage das mit aller Vorsicht: Es sieht so aus, dass Gott zugelassen hat, dass der IS das alte Bild des Christentums zerstört hat. Zu dem neuen Bild, das jetzt entsteht, möchten wir als Einzelne und als Organisation unseren Beitrag leisten. Wir reden ja viel mit den Menschen, die vertrieben worden sind. Wenn wir die fragen, ob sie in ihre Dörfer und Städte zurückgehen und ihr altes Leben wieder aufnehmen möchten, wenn das alles hier vorbei ist, sagen die allermeisten: ‚Nein, wir wollen weg von hier, aber nicht zurück!' Diejenigen, die dann doch zurückkehren, werden das mit einer neuen Haltung tun und mit einer neuen Sicht der Dinge. Es wird ein anderes Christentum sein, das sie dorthin zurückbringen. Und es werden nicht viele sein, vielleicht nur ein paar Handvoll, aber sie werden im positiven Sinn der Sauerteig dort sein.

Dafür schlägt mein Herz. Darauf arbeiten wir mit allem hin, was wir tun, und wir machen auch kein Geheimnis daraus: Wir gestalten hier gerade das Christentum der Zukunft für diese Region mit!

Wir müssen einander auch als Mitarbeiter immer wieder Mut machen, nicht aufzugeben und an den Menschen dranzubleiben. Viele der Christen hier sind verbittert und wütend nach allem, was passiert ist. Wir brauchen einen langen Atem. Und es geht hier nicht um Masse; wenn von vier- bis fünfhundert Menschen in einem Camp auch nur vier oder fünf diese Sicht der Dinge entwickeln, reicht das schon aus.

Mich beeindruckt sehr, wie Einzelne die Erfahrungen im letzten Jahr auch geistlich einordnen. Eine junge Frau, die wir im Rahmen unserer Flüchtlingshilfe kennengelernt haben, ist aus sehr gutem Haus; sie war Medizinstudentin, bis der IS ihre Familie vertrieb. Hier hat sie ihren Glauben in einer ganz neuen Tiefe entdeckt. ‚Gott sei Dank für den IS', hat sie kürzlich gesagt, ‚wenn die nicht gekommen wären, hätte ich Gott nie so kennengelernt.'

Manche sagen, in fünf Jahren wird es im Irak keine Christen mehr geben. Die Lage hier ist, menschlich gesehen, so aussichtslos, dass kein Christ, der ins Ausland gehen könnte, im Irak bleiben wird – es sei denn, er sieht das als Berufung von Gott. Die anderen werden in anderen Ländern Fuß zu fassen versuchen. Es ist gut, dass ihr sie in Deutschland aufnehmt! Nicht umsonst hat Deutschland hier einen so guten Ruf. Und doch: Wo ihr gleichzeitig viele Muslime aufnehmt, achtet darauf, dass sich die Probleme und die Gewalt, die wir hier hatten, nicht bei euch fortsetzen! Und gebt den Flüchtlingen nicht nur, was sie materiell brauchen, sondern habt ihr ganzes Wohl im Blick."

Es fällt mir nicht leicht, wieder nach Deutschland zurückzufliegen; ich habe die Menschen im Irak, vor allem auch die Kollegen, in diesen kurzen, intensiven Tagen weiter lieb gewonnen und ich würde gerne noch etwas Zeit mit ihnen verbringen. Wann ich das nächste Mal hinreisen kann, ist unklar – und noch unklarer ist, wer dann überhaupt noch dort sein wird.

Diesmal ist das Rückkehren in mancher Hinsicht anders als nach meinem ersten Einsatz vor über einem Jahr: Als ich im August 2014, voller kaum verarbeiteter Eindrücke und emotional ziemlich angekratzt, nach Deutschland zurückkam, war ich mit meinen Erfahrungen und Fragen einigermaßen allein. Die Kollegen, meine Familie und Freunde nahmen Anteil und versuchten nachzuvollziehen, was ich erlebt hatte und was das Leben der Menschen ausmachte, denen ich im Irak begegnet war. Aber die Situation der Flüchtlinge in ihren Lagern und Notunterkünften blieb ein fremdes, entferntes Thema, das man leicht ignorieren konnte. Diesmal kehre ich in ein Deutschland zurück, in dem „die Flüchtlingskrise" in den Zeitungen, im Fernsehen und vor allem in den Sozialen Medien so präsent ist, dass man sich dem Thema nicht mehr entziehen kann. Ich gebe zu, dass ich die Nachrichten manchmal überfordert abschalte; das alles geht mir zu nah.

Gerade weil ich im Irak einige Hintergründe der Vertreibung mitbekommen und die Folgen allgegenwärtiger Gewalt gesehen habe, nehme ich die neuen Herausforderungen sehr ernst, vor denen wir nun in Deutschland stehen. Aber gerade weil ich im Irak mit Menschen zu tun hatte, die in ihrer sehr schwierigen Situation getrost und mutig an Gott festhalten, überwiegt doch die Zuversicht.

Der Christus, dem ich folge und nach dem auch ich benannt bin, ist in Deutschland derselbe wie im Irak; er kann mir den gleichen Mut und, wo es nötig ist, die gleiche Leidensbereitschaft wie ihnen schenken. Der Gott, der das Bild des Christentums im Orient im Moment neu zu malen scheint, ist immer noch der Herr der Geschichte, und er ist von den Flüchtlingsströmen in Europa im Sommer 2015 genauso wenig überrascht wie vom Vordringen des IS im Irak im Sommer 2014. Wenn ich mir von den Geschwistern dort irgendetwas abschauen möchte, dann ihr Vertrauen, dass Gott über allem steht und in jeder Situation wirken kann.

Wir werden in Deutschland, gerade auch in unseren Kirchen, in den nächsten Jahren viel zu geben, manches aufzugeben, vieles zu besprechen und einiges neu zu definieren haben. Es wird uns helfen, nicht „die Flüchtlinge", sondern einzelne Menschen mit ihrer Geschichte und ihren ganz persönlichen Nöten zu sehen. Wir werden uns durch manche Schichten berechtigter Sorgen und komplexer Entscheidungen hindurcharbeiten müssen. Ich bete, dass man trotzdem nie lange graben muss, um unter unserem Reden und Handeln eine Haltung der Liebe und der Zuversicht zu finden.

Einen Grundwasserspiegel von Hoffnung.

NACHWORT VON KLAUS DEWALD

Die Welt scheint aus den Fugen zu geraten. Was wir gerade erleben, war so noch nie da. Die Zahlen der Flüchtlinge sprengen alle Grenzen und werden international täglich nach oben korrigiert. Es ist nicht absehbar, wann sich die Situation ändern wird. Was wir aber mit Gewissheit sagen können: Die Flüchtlings-Thematik wird uns noch lange beschäftigen.

Wir von GAiN engagieren uns normalerweise mehr in der langfristigen und nachhaltigen Unterstützung von Projekten als in der kurzfristigen Katastrophenhilfe. Seit 2013 nehmen die Begegnungen mit Menschen auf der Flucht jedoch stetig zu und beschäftigen uns sehr. Menschen auf der Flucht brauchen jetzt mehr als je zuvor unsere Aufmerksamkeit und unsere Hilfe. Das gilt für die vielen, die jetzt zu uns nach Deutschland und Europa gekommen sind und weiter kommen werden. Das gilt aber nach wie vor auch für Binnenflüchtlinge im Irak, in Syrien und andernorts. Wir dürfen die Menschen dort nicht vergessen, obwohl und gerade weil wir sie nicht jeden Tag real vor Augen haben.

Andrea Wegener erzählt im vorliegenden Buch von den Flüchtlingen im Irak. Im Nordirak leben Syrer und Iraker aus dem Süden in Lagern, Rohbauten, Hallen oder gemieteten Zimmern. Gerade im Irak habe ich bei mehreren Reisen eine Dimension von Leid erfahren, die so für mich bisher unvorstellbar war. Was mich sehr bewegt, ist, wie die Menschen mit ihrem Leid umgehen. Seit 25 Jahren bin ich als Leiter eines Hilfswerkes unterwegs und habe viel Not gesehen, aber noch nie habe ich erlebt, dass geballte menschenverachtende Mächte so schwer zu stoppen sind, wie das heute der Fall ist. Das ist aber nur die eine Seite. Dieses Buch erzählt von Menschen, die, weil sie Christen waren, ihr ganzes Leben lang verfolgt wurden, mittlerweile mehrmals ihr ganzes Hab und Gut verloren haben und jetzt wieder vor dem Nichts stehen. Viele wurden auf ihrer Flucht vor dem IS gedemütigt und ihrer Würde beraubt, indem man ihnen Schuhe und Socken, Gebisse und Brillen vom Leib gerissen hat. Und das waren bei Weitem nicht die schlimmsten Dinge, die passiert sind. Und dann erleben wir wieder und wieder, dass diese Menschen nicht bei ihrem Verlust stehen bleiben. Die, die alles verloren haben, sind zugleich jene, die fest im Glauben stehen und gemeinsam Lieder singen, mit denen sie Gott loben. Auf der einen Seite unfassbares Leid und auf der anderen Seite ein unerschütterliches Gottvertrauen. Was erwidert man Menschen, die unfassbares Leid erlebt haben und von ihrem Verlust erzählen? Manchmal fehlen einem schlicht die Worte. Gibt es überhaupt die richtigen Worte? Ich bin froh, dass wir wenigstens einige dieser Geschichten in dem vorliegenden Buch erzählen konnten. Hinter diesen Geschichten stehen Menschen wie du und ich, die uns durch die Aufzeichnungen von Andrea Wegener begegnen. Ich wünsche uns, dass diese Begegnungen in unseren Herzen nachwirken.

Wir helfen im Irak seit dem Sommer 2014: Mittlerweile versorgen wir dort in kleineren Orten, wohin andere Hilfsorganisationen gar nicht oder nur sporadisch gelangen, 500 Familien regelmäßig mit Hilfspaketen. Auch in der Ukraine sind wir aktiv. Dort haben über eine Million Menschen Zuflucht vor dem Krieg im Osten gesucht. Trotz Waffenstillstand ist eine Rückkehr in die zerbombten Regionen noch lange nicht möglich. Wir helfen den geflohenen Familien mit Kleidung und finanzieller Unterstützung beim Anmieten von Wohnungen. In Sizilien stehen wir Flüchtlingen bei, die mit ihren Booten an der Küste gestrandet sind. In Lampedusa und anderen Lagern versorgen unsere Mitarbeiter etwa 8000 Menschen in 46 verschiedenen Einrichtungen mit Kleidung, Decken und Nahrungsmitteln. Entlang der Balkanroute verteilen wir zusammen mit anderen Organisationen Hilfsgüter, vor allem Lebensmittel und Kleidung.

Die Aufgabe, denen zu helfen, die innerhalb ihrer Länder auf der Flucht sind, bleibt vorrangig. An manchen krisengeschüttelten Orten der Welt gibt es Menschen, die sich eine Flucht nach Europa gar nicht leisten können. Darauf, ihnen so gut es geht zu helfen, in ihrer Region zu bleiben, liegt der Schwerpunkt unserer Flüchtlingshilfe.

Meine Sorge ist es, dass wir noch lange nicht das Ende der Fahnenstange erreicht haben. Ich vermute, es wird in der kommenden Zeit vermehrt Ereignisse geben, die Menschen ihres Lebens berauben, die ihnen Heimat und Besitz nehmen werden – seien es Naturkatastrophen, Armut oder Krieg. Die Zahl der Flüchtlinge wächst weiter.

Bereits heute sind wir an einem Punkt, an dem es immer schwerer wird, alle Flüchtlinge, die bei uns Zuflucht suchen und sich nach Sicherheit und Geborgenheit sehnen, ausreichend zu versorgen. Auch die Integration und die Vermittlung unserer Werte werden nur mit viel Kraft und Ausdauer zu bewältigen sein. Dieses Thema wird uns beschäftigen müssen und erfordert unseren langen Atem. Es ist gut zu sehen, wie viele Gemeinden und Privatpersonen sich mittlerweile um Flüchtlinge kümmern. Als Hilfswerk möchten wir hier gerne Netzwerk für die einzelnen Initiativen sein und zum Austausch und zur Multiplikation anregen.

Die GAiN-Zentrale befindet sich in Gießen, der Stadt mit der größten Erstaufnahmeeinrichtung für Asylbewerber in Deutschland. Wir bekommen hier die Nöte und Bedürfnisse der geflohenen Menschen hautnah mit. Unsere Flüchtlingsinitiative kümmert sich darum, dass Werke und Einrichtungen die Hilfsgüter erhalten, die sie für Flüchtlinge einsetzen können. Wir sind dabei, Flüchtlinge in die Arbeit unseres Hilfswerkes einzubinden und involvieren sie beim Sortieren von Kleidung und anderen Waren und bei der Verteilung von Hilfsgütern. Einige unserer Mitarbeiter beteiligen sich an einem Kulturtraining, das Flüchtlingen locker und pantomimisch die ersten Schritte in unserer Kultur vermittelt. Viele GAiN-Mitarbeiter engagieren sich privat in den ehrenamtlichen Initiativen für Gemeinschaftsunterkünfte in ihren Kommunen. Auch unsere Sammelstellen in ganz Deutschland arbeiten verstärkt mit solchen Gruppen zusammen, die sich an vielen Orten vorbildlich für Flüchtlinge einsetzen. Für dieses Engagement und für die vielen Ehrenamtlichen, die sich in ganz Deutschland für Flüchtlinge einsetzen, bin ich dankbar.

Sie spüren: Mein Herz schlägt in zwei Richtungen. Ich möchte Menschen helfen, dass sie in ihrer Heimat bleiben können, und sie so unterstützen, dass das möglich wird. Und ich möchte denen helfen, die Gott uns hier in Deutschland vor die Füße legt, weil ihr Verbleiben im eigenen Land für sie unmöglich wurde.

Daneben werden wir aber weiterhin die Binnenflüchtlinge, die in ihren Ländern bleiben, unterstützen. Den Menschen dort zu helfen, wo sie sind, gehört zu den unmittelbaren Aufgaben eines Hilfswerkes. Im Irak ist unsere zunächst kurzfristig geplante Unterstützung längst zu einem langfristigen Projekt geworden. Ich habe mit vielen Menschen auf der Flucht gesprochen. Sie sehnen sich nach einem sicheren Ort, an dem sie in Frieden leben können. Sie möchten in ihre Heimat zurück. Längst nicht alle wollen nach Deutschland oder ganz generell nach Europa. Wenn Menschen etwa in Afrika eine Chance auf ihr eigenes Auskommen haben, müssen sie nicht die eigene Kultur und Heimat verlassen und als Wirtschaftsflüchtlinge auf überfüllten Booten im Mittelmeer ihr Leben riskieren. Nachhaltig bewegt mich der Brief eines irakischen Pastors: „Helft uns lieber 100 Schulen oder eine neue Trinkwasserversorgung zu bauen, als uns 1000 Visa für eure Länder zu gewähren. Ich wünschte, alle EU- und US-Politiker würden dasselbe tun wie manche deutschen Kirchen und Privatleute, die uns geistlich, materiell und finanziell unterstützen und dadurch vielen helfen, in ihrer Heimat zu bleiben."

Was ich mir wünsche, ist, dass die Berichte in diesem Buch Sie nicht mehr loslassen. Vielleicht verspüren Sie am Ende dieser Berichte mehr als zuvor den Wunsch, Flüchtlingen zu helfen? Dann machen Sie sich auf den Weg. Die Unterstützung kann vielfältig aussehen und es braucht nicht viel, außer der Bereitschaft etwas Zeit und Kraft zu investieren. Vielleicht haben Sie die Möglichkeit, Fahrdienste zu übernehmen, oder können mit einer passenden Jacke aushelfen. Vielleicht können Sie bei Behördengängen unterstützen. Oder Sie schaffen einfach die Möglichkeit zur Begegnung. Dort, wo der Raum für neue Beziehungen entsteht und diese Beziehungen gepflegt werden, kann Integration gelingen.

Einige unserer Mitarbeiter haben in ihren Wohnorten eine Patenschaft für einen Flüchtling übernommen. Menschen, die neu in unserem Land sind und niemanden kennen, sind für diese

Art der Unterstützung dankbar. Man trifft sich miteinander und teilt immer wieder ein kleines Stück Leben. Zunächst habe ich gedacht, dass sprachliche Barrieren hier Grenzen setzen können. Nicht jeder Deutsche spricht fließend Englisch, aber auch nicht jeder Flüchtling. Wie sollen wir uns mit einem Menschen verständigen, der unsere Sprache nicht spricht und dessen Sprache uns unbekannt ist? Die kleine Tochter einer Kollegin lehrte mich, wie einfach Kommunikation sein kann. Mit ihren eineinhalb Jahren kann sie noch nicht sprechen. Dennoch schaffte sie es, mir mit Mimik und Gestik und einzelnen Wörtern, die manchmal einsilbig waren, deutlich zu zeigen, was sie von mir wollte. Wir hatten viel Spaß miteinander. So kann es uns auch in der Begegnung mit Flüchtlingen gehen. Am schwierigsten ist es, den ersten Schritt zu machen. Wenn wir hier unsere Angst und Vorbehalte überwinden und einfach losgehen, werden wir entdecken, dass die Begegnung gar nicht so schwer ist. Ich verspreche Ihnen, diese Begegnungen werden auch für Sie bereichernd und horizonterweiternd.

Den Alltag in Deutschland kennenzulernen ist ein wichtiges Thema für Menschen, die hier neu sind. Wie funktioniert Deutschland? Während der Trainingseinheiten für Flüchtlinge werden Alltagsszenen pantomimisch vorgespielt und anhand von Rollenspielen erklärt. So können Sprachbarrieren gut überwunden werden. Dennoch werden immer wieder einzelne deutsche Wörter erklärt und gemeinsam gesprochen. Um Deutsch verstehen zu lernen, muss man es auch von Anfang an hören. Einer der wichtigen Punkte für ein solches Training ist beispielsweise der Einkauf im Supermarkt. Auch hier ist es eine Möglichkeit, gemeinsam einkaufen zu gehen. Zeigen Sie Flüchtlingen, worauf es ankommt, etwa, dass wir an der Kasse den Preis bezahlen müssen, der für ein Produkt angezeigt wird, und nicht handeln können. Gerade in größeren Supermärkten können wir auch auf günstige Produkte hinweisen. Üben Sie gemeinsam das System der Mülltrennung. Das kann richtig Spaß machen.

Seit wir GAiN 1990 gegründet haben, handeln wir nach einem Leitsatz aus dem Talmud: „Wer das Leben eines Menschen rettet, rettet die ganze Welt." Wer auf die großen globalen Probleme sieht, wird kaum eine Lösung parat haben, die von durchschlagendem Erfolg gekrönt sein wird. Aber wer weiß, dass er im Leben eines Menschen helfen und damit dessen Welt verändern wird, kann so beginnen, die Welt zu verändern. Wenn wir unser Licht scheinen lassen, wird das Gute die Dunkelheit überstrahlen, dessen können wir gewiss sein. Wir von GAiN möchten Menschen in Not neuen Mut, Hoffnung und Zukunft schenken. Das tun wir unabhängig von ihrer Religionszugehörigkeit. Aber wir tun es bewusst aus unserem Glauben heraus – und zwar überall, wo unsere Hilfe geschieht. Nächstenliebe kann Leben verändern und tut es auch. Davon sind wir überzeugt.

Unser Hilfswerk sieht die einzelnen Menschen und begegnet ihnen in ihrer persönlichen Not. Sich um einen anderen kümmern, Nächstenliebe üben und Gutes tun, können wir direkt vor unserer Haustüre. Lassen Sie uns diese Chance nutzen.

Wenn Sie helfen möchten, gilt die Empfehlung unserer Partnerorganisation Campus für Christus e.V.: „Bringen Sie sich an Ihrem Ort ein, wo es schon etwas gibt! Die meisten Kommunen organisieren sich gerade, und es gibt unendlich viele Möglichkeiten etwas zu tun: Deutschkurse, Begegnungscafés, Kleiderkammern, Kinderprogramm ... Es gibt so viele Gelegenheiten, den Menschen freundlich zu begegnen, die oft Schweres erlebt haben!" Campus für Christus hat im Internet eine Flüchtlings-Seite mit hilfreichen Tipps, Links und Materialien zusammengestellt, die Sie in der Begegnung mit Flüchtlingen unterstützen können. So wollen wir Menschen eine Hilfe sein, dass sie sich in unserem Land zurechtfinden, freundschaftliche Beziehungen zu Deutschen aufbauen können und die Möglichkeit haben, sich über den christlichen Glauben zu informieren. Die spezielle Internetseite finden Sie unter www.campus-d.de/fluechtlinge.

Sicher spüren Sie es aus meinen Worten: Ich möchte, dass wir beiden Herausforderungen, vor die uns das Thema Flüchtlinge stellt, gut begegnen. Zum einen möchte ich, dass wir eine Kultur des Verständnisses und der Hilfsbereitschaft leben und dort kleinere und größere Unterstützung bieten, wo wir zu Hause sind.

Auf der anderen Seite möchten wir als GAiN weiter jene unterstützen, die im Begriff sind, ihr Zuhause zu verlieren oder es bereits verloren haben. Wie schön wäre es, wenn durch unsere Unterstützung etwa Christen und Jesiden im Irak bleiben und überleben könnten, um in naher oder etwas fernerer Zukunft wieder in ihre wirkliche Heimat zurückzukehren. Darum werden wir unser Engagement im Irak – und in anderen Krisengebieten der Welt – weiterführen.

Mein Dank gilt Andrea Wegener. Sie hat für uns die Geschichten der Menschen aus dem Irak nacherzählt. So bekommt die Not für uns ein Gesicht und wir haben die Möglichkeit, persönlich Anteil am Ergehen unserer Brüder und Schwestern im Irak zu nehmen. „Erzählt unsere Geschichten", ist die Bitte der verfolgten Christen aus dem Irak. Indem Sie und wir das tun, sorgen wir dafür, dass sie nicht vergessen werden. Die wahren Geschichten aus diesem Buch stehen stellvertretend für viele andere, deren Geschichten wir nicht oder noch nicht erzählen konnten. Sie sind Beispiele für das, was Menschen im Irak und andernorts gerade erleben.

Von Herzen danke ich Ihnen für Ihren Einsatz für die Armen und Bedürftigen in Deutschland, Europa und in aller Welt. Gemeinsam können wir erreichen, dass dort, wo Dunkelheit herrscht, auch wieder Licht durchbricht.

Klaus Dewald,
Gründer und Leiter von GAiN Deutschland e. V.

GLOBAL AID NETWORK E.V. (GAIN)

GAiN möchte Menschen in Not Hoffnung schenken und mit Herz und Hand helfen.

GAiN heißt „gewinnen" und ist die Kurzform von Global Aid Network. Wir möchten dazu beitragen, dass die Ärmsten der Welt, die sich nicht helfen können, eine neue Perspektive für ihr Leben und Hoffnung für ihre Zukunft gewinnen. Dabei ist uns der einzelne Mensch, der Hilfe braucht, besonders wichtig.

Global:
Wir arbeiten weltweit. Derzeit unterstützt GAiN in rund 50 Krisengebieten weltweit humanitäre Hilfsprojekte.

Aid:
Wir leisten Katastrophenhilfe, langfristige Nothilfe und Hilfe zur Selbsthilfe. Wir helfen Menschen unabhängig von Alter oder Religionszugehörigkeit.

Network:
Wir arbeiten am Aufbau eines weltweiten Logistiknetzwerkes, um die Hilfe effizient in unsere Zielländer zu bringen.

GAiN ist ein eigenständiger mildtätiger und gemeinnütziger Verein und Partner von Campus für Christus e.V. in der humanitären Hilfe.

Weitere Informationen und Möglichkeiten zum Mitmachen finden Sie unter www.gain-germany.org.

Spendenkonto:
Volksbank Mittelhessen
IBAN: DE88 5139 0000 0051 5551 55
BIC: VBMHDE5F

Kontakt:
Am Unteren Rain 2
35394 Gießen
Tel. 0641-97518-50
www.gain-germany.org
info@gain-germany.org

ZEITTAFEL IRAK 2014/15

	Politisch	GAiN-Einsatz
9. Juni	Der IS nimmt Mossul ein; Tausende von Christen und anderen Verfolgten fliehen in die kurdische Autonomieregion.	
19.–22. Juni		Erstes GAiN Erkundungs-Team im Irak
28. Juni		Beginn des Katastrophen-Einsatzes: Die ersten GAiN-Helfer reisen in Richtung Erbil.
15. Juli		Ich komme in Erbil an.
19. Juli, 12 Uhr	Ultimatum in Mossul läuft aus. Flüchtenden wird an Grenzposten alles abgenommen; sie kommen mittellos in den Städten Kurdistans an.	
24. Juli	Demonstration von Christen in Erbil vor dem UN-Gebäude.	
4. August		Ich fliege heim.
Ab 5. August	Die USA beliefern Kurden mit Waffen.	
6./7. August	Der IS nimmt Karakosch ein. So gut wie alle Christen fliehen in die kurdische Autonomieregion, die meisten zu Fuß.	

Anfang August	Jesiden flüchten sich auf ihren heiligen Berg, den Sindschar, wo sie von IS-Truppen einge-kesselt werden.	
Ab 7. August	Die USA beginnen Lebensmittel, Wasser und Kommunikati-onsmittel über dem Sindschar-Gebirge abzuwerfen.	
Ab 08. August	Bombardierung von IS-Stellungen im Irak durch die USA.	
7.–9. August		Evakuierung des GAiN-Teams.
ca. 15. August	Jesiden werden aus dem Sindschar-Gebirge befreit.	
21. August		Das GAiN-Team reist wieder in leicht verän-derter Zusammenset-zung in den Irak aus.
25. August		Beginn des 100-Fa-milien-Programms, in dem später mehr als 500 Familien versorgt werden.
5. September		Bau der Lagerhalle beginnt.
1.–5. Oktober		Ein Team von GAiN Deutschland reist zur Übergabe der Arbeit an die einheimische Partnerorganisation nach Erbil. Ein einhei-mischer Mitarbeiter wird als Koordinator vor Ort eingestellt.

10. Oktober		Offizielles Ende des DART-Einsatzes. Die Hilfe wird von Deutschland aus weiter koordiniert, aber vorwiegend von irakischen Mitarbeitern vor Ort durchgeführt.
4.–9. Oktober 2015		Für weitere Recherchen und Fotos reisen Claudia Dewald und ich noch einmal in den Irak.

Mehr von der Autorin

Andrea Wegener
Ein Quäntchen Trost
Wie ich mein Herz für Haiti entdeckte
ISBN 978-3-86827-465-3
176 Seiten, gebunden
mit farbigem Bildteil

Sommer 2008: In „Ein Quantum Trost" rast James Bond auf einem Motorrad durch Port-au-Prince. Das exotische Flair dieser karibischen Stadt ist das perfekte Setting für einen aufregenden Action-Thriller.

Zwei Jahre später liegt diese Stadt in Trümmern, das Zentrum ist nach einem verheerenden Erdbeben ein einziger Schuttberg. Kein anderes Land der Welt braucht Trost und Hilfe dringender als das von Armut und Krankheit gebeutelte Haiti.

Eine Organisation, die zu Hilfe eilt, ist GAiN e.V., der humanitäre Partner von Campus für Christus. Eine der Freiwilligen, die sich auf den Weg nach Haiti macht, ist Andrea Wegener. Sie schildert in diesem packenden Buch, was für begeisternde und erschütternde, ermutigende und frustrierende Dinge man erleben kann, wenn man als Helfer in Krisengebieten mit anpackt. Die Leiterin der Öffentlichkeitsarbeit bei Campus für Christus war seit 2010 mehrfach in Haiti und erzählt eine außergewöhnliche Geschichte von seltener Authentizität.

Eine weitere spannende Biografie

Burkhard Rudat
Villa Sonnenschein
Hoffnungsgeschichten aus der Ukraine
ISBN 978-3-86827-494-3
170 Seiten, Paperback
mit farbigem Bildteil

Burkhard Rudat, der Leiter des christlichen Hilfswerkes „Brücke der Hoffnung e. V.", erzählt packende und einfühlsame Geschichten aus der Ukraine. Es sind Geschichten, die zu Herzen gehen: Von „Vergessenen Dörfern" und alleingelassenen Kindern, bitterarmen Familien und einem Land am Rande des Zusammenbruchs. Es sind aber auch Geschichten darüber, wie Gott immer wieder mit seiner Hoffnung in das Leben der Menschen hineinstrahlt – durch Zufluchtsorte für Kinder aus gestörten Familien, durch Hilfsgüter und Hilfe zur Selbsthilfe. In Häusern wie „Villa Sonnenschein", „Villa Regenbogen" oder im „Tageskinderheim am See" können junge Menschen durch seelsorgerliche Angebote und das Erlernen von praktischen Fähigkeiten in ein besseres, hoffnungsvolles Leben hineinfinden.